Glaner dans la nature

Collection dirigée par Jean-Michel Lepeudry

Conception graphique et réalisation : Rampazzo & Associés

ISBN : 2-7028-2596-6

Glaner dans la nature

Dr Pierre-Jean Corson
Illustrations de André Vial

LE GRAND LIVRE DU MOIS

SOMMAIRE

AVANT-PROPOS

Apprendre à connaître la nature

L'écologie est aujourd'hui en vogue. Une vogue non seulement justifiée mais indispensable puisque la sauvegarde de la nature est devenue un enjeu vital pour l'humanité de la fin du XXe siècle. La plupart de nos contemporains ignorent pourtant beaucoup de ses composants. La promenade, et surtout la recherche des petits trésors qu'elle nous propose, sont les meilleurs moyens d'apprendre à connaître cette nature dont nous subissons tous l'influence.

Le terme « glaner » vient de « glenn », une très ancienne racine celte évoquant nos origines dans le manteau forestier qui recouvrait la Gaule. Il s'applique aussi bien aux espèces végétales qu'au monde animal ou minéral, désignant la simple action de ramasser à main nue, sans aucun moyen mécanique. Les animaux sauvages sont des glaneurs par nature. La souris, le lièvre et le chevreuil par exemple glanent leur pitance tout comme le corbeau ou le pigeon ramier. Aux temps paléolithiques, de 100000 à 20000 ans avant notre ère, les hommes de Neandertal n'ont survécu que grâce à la chasse et à la cueillette. De nos jours, glaner n'est bien sûr plus une nécessité mais, en plus d'un précieux enseignement, un plaisir à la portée de tous.

Petits plaisirs au parfum d'aventure

L'un des premiers plaisirs que peut procurer la glane est celui de satisfaire sa gourmandise. Les petits cadeaux de la nature sont toujours bons à prendre pour peu qu'on les connaisse bien et qu'on sache les préparer afin de dégager leur saveur. Certaines plantes peuvent également se transformer en des produits cosmétiques naturels, d'autres en préparations médicinales qui soulageront les malades ou préviendront de petits problèmes de santé.

La glane peut avoir parfois un réel intérêt économique. Mais là n'est pas l'essentiel. Son intérêt majeur est aujourd'hui la possibilité de se ressourcer, de reprendre avec notre terre ce contact qui nous est si chichement accordé par un environnement de plus en plus urbanisé et bétonné. C'est donc une quête vers un mieux vivre physique et intellectuel.

La décision d'employer son dimanche à une promenade dans les bois suppose la volonté de rompre avec les habitudes citadines. De nombreuses forêts sont heureusement accessibles sans voiture, par le train et un peu de marche à pied. On peut ainsi quitter le béton et le macadam pour fouler enfin un vrai sol naturel, recouvert d'herbes, de fleurs et de champignons. La glane est une merveilleuse occasion de rompre avec la monotonie des objets et des décors produits par l'homme. Elle permet de s'évader des activités obligatoires et répétitives imposées aux citadins, contraints dans les villes à organiser leurs déplacements au centimètre près. En ville, le quotidien laisse peu de place à la fantaisie. En pleine forêt, le promeneur-glaneur peut chanter à tue-tête, danser en marchant, se vêtir «pratique» sans souci du «qu'en-dira-t-on», s'asseoir dans l'herbe, voir, sentir, palper, goûter et écouter tout ce qui lui plaît. C'est un défoulement sain et dont le bénéfice, en termes de bien-être et de santé physique et mentale, est sans rapport avec le minime effort nécessaire pour y accéder.

Un domaine foisonnant

Les possibilités qu'offre la glane sont si foisonnantes et changeantes, d'un lieu à un autre, d'un mois à l'autre et d'une année à la suivante, qu'il ne serait pas raisonnable d'envisager cet ouvrage autrement que comme une initiation et non comme un catalogue exhaustif. Toute collecte suggérée dans ces pages reflète quelques exemples ne représentant qu'une infime partie de ce qu'il serait possible de décrire. La seule encyclopédie valable de la glane est celle que le glaneur se construira lui-même avec ses souvenirs, ses photographies, ses croquis, son herbier, sa collection d'insectes ou de minéraux et ses notes.

Que peut-on glaner ?

Presque tout, à condition de ne pas se livrer au maraudage, ni au braconnage, ni à l'indélicatesse. La glane fait souvent penser avant tout à la récolte des épis de blé restant dans les champs après la moisson. Le subconscient collectif français est marqué en ce domaine par les «Glaneuses», le célèbre tableau de Millet. Mais on peut en réalité glaner n'importe quelle partie d'une plante et même des plantes entières, étant entendu qu'il s'agit le plus souvent de végétaux herbacés. Déraciner un arbre adulte n'est plus de la glane.

Les arbres nous offrent la possibilité de récolter leur écorce, leurs feuilles, leurs fleurs, leur sève et leur bois après leur mort. Même les cendres de bois sont utilisables dans la confection de lessive ou d'engrais. On peut aussi glaner des minéraux, c'est-à-dire ramasser des cailloux, voire des fossiles ou des outils préhistoriques à la surface du sol ou dans les carrières abandonnées. Et dans le domaine animal, les collections de plumes, de poils, de coquilles, de mues, de pelotes, de nids abandonnés, de squelettes, de crânes, d'empreintes de pattes, etc... ont un réel intérêt scientifique.

En conclusion

Sans protection, il n'y aura bientôt plus de biotope naturel et il ne peut pas y avoir de protection sans connaissance de la nature. La glane du simple curieux ou du collectionneur est le moyen le plus simple et le plus agréable de rendre familier à tous ce merveilleux livre de la vie. Il est donc souhaitable que la glane fasse aujourd'hui partie de toute promenade dans la nature, ne serait-ce que pour acquérir l'indispensable connaissance d'un environnement sans lequel la vie sur terre cesserait d'exister.

Le livre illustré est un outil indispensable pour s'initier aux choses de la nature mais les connaissances qu'il apporte à son lecteur ne sont vraiment assimilables qu'avec des travaux pratiques. L'irremplaçable coloration émotionnelle et sensuelle nous est apportée par la vue de l'objet lui-même, sa découverte après la quête, son toucher, son odeur et éventuellement son goût. Les jeunes enfants et les petits d'animaux procèdent ainsi instinctivement pour découvrir le monde qui les entoure. Une seule solution donc, à vos chaussures et bonne récolte!

MISE EN GARDE

Si le glaneur se doit de respecter certaines règles, elles relèvent davantage de la courtoisie vis-à-vis des autres et du bon sens que d'un code prévoyant des sanctions. Il est toutefois préférable d'avoir en mémoire les éléments de base d'un code de bonne conduite et de se souvenir que le monde naturel n'est pas sans quelques dangers.

Le glaneur doit être un « amateur », donc collecter de petits échantillons ramassables à la main. La cueillette forcenée destinée à la revente, qu'il s'agisse de champignons, de muguet, d'escargots ou d'améthystes, relève d'une activité professionnelle, parfois tolérée mais souvent illégale. Le vrai glaneur ne ramasse que pour sa consommation personnelle, pour apprendre, pour collectionner ou pour offrir ses trouvailles.

La glane des animaux n'est évidemment possible que pour les petites espèces (crustacés, mollusques, insectes, larves, reptiles, batraciens, etc.) mais toujours en veillant à limiter les prélèvements, à ne pas collecter les espèces protégées, à ne pas glisser involontairement dans le braconnage.

Les plantes médicinales donnent la possibilité de se soigner ou même de prévenir des maladies, mais il est évident qu'elles ne doivent être utilisées qu'avec beaucoup de prudence quant à leur identification et à leur dosage, et ne se substituer en aucun cas à la consultation d'un médecin. Certains végétaux se prêtent à des pommades ou à des emplâtres mais sont toxiques en usage interne. D'autres, comme certains minéraux également, peuvent provoquer des réactions de la peau si l'on omet de porter des gants pour les récolter. Les plantes récoltées en bord de route ou tout autre lieu exposé à la pollution doivent être très soigneusement lavées avant la consommation.

La prudence est également de mise lorsqu'on ramasse des pierres ou des silex, dans des carrières abandonnées notamment, où un effondrement peut se produire. Mieux vaut s'adresser au chef de chantier d'une carrière en activité.

Enfin, il est possible de récolter selon notre fantaisie tout ce que la nature offre à notre curiosité ou à notre appétit mais toujours sous réserve de respecter la loi et les règlements locaux, qu'il faut absolument connaître.

La forêt

Les fruits de l'aubépine ou cenelles.

L'AUBÉPINE OU ÉPINE BLANCHE

Crataegus oxyacantha

LE BOUQUET DE LA MARIÉE

Cet arbuste épineux est très répandu en Europe, dans les bois clairs et surtout les haies. L'aubépine est si commune dans les pays de bocage, où elle forme l'essentiel des haies, qu'on l'appelle tout simplement l'épine. C'est un végétal magique, protecteur du foyer, dont les fleurs blanches sont symbole d'innocence et de pureté ; on en fait d'ailleurs le bouquet de la mariée. L'aubépine fleurit d'avril à juin et ses petits fruits rouges, les cenelles, appelés aussi « poires à Bon Dieu », apparaissent en automne. Leur pulpe farineuse est comestible. Les fouilles des cités lacustres des lacs alpins ont révélé des quantités de noyaux prouvant que l'homme consomme ces fruits depuis très longtemps. Ils ont souvent servi en période de disette, notamment pendant la dernière guerre.

L'ARBRE DU CŒUR ET DES NERFS

Les propriétés médicinales de l'aubépine sont longtemps restées méconnues et n'ont été signalées, incomplètement d'ailleurs, qu'au XIIIe siècle. Ses vertus cardiotoniques et sédatives ont été découvertes il y a moins de cent ans. L'aubépine est probablement l'une des meilleures plantes tonicardiaques. Elle est de plus antispasmodique et sédative. Elle ne se contente pas de renforcer la contraction du muscle cardiaque, elle en régularise le rythme, calme les palpitations, réduit l'hypertension et dilate les coronaires rétrécies.

Elle est donc bienfaisante dans les manifestations cardiaques devenues gênantes ou dangereuses sous l'influence du système nerveux. Elle peut ainsi soulager les crises d'angine de poitrine, les arythmies, les tachycardies, l'essoufflement et la gêne

respiratoire d'origine cardiaque, les séquelles d'infarctus mais encore tous les simples états de nervosité excessive. L'aubépine calme par conséquent les troubles que connaissent les anxieux, les personnes irritables et les insomniaques.
Pour bénéficier de ces remarquables propriétés, on peut théoriquement utiliser les fleurs, les feuilles ou les fruits, mais les phytothérapeutes semblent toutefois donner la préférence aux fleurs cueillies au moment de leur épanouissement.

POUR LA PAIX DU CŒUR

Pour préparer une infusion d'aubépine, laisser le contenu d'une cuillerée à soupe de fleurs sèches pendant dix minutes dans une tasse d'eau bouillante. En prendre deux ou trois tasses par jour. Il n'y a aucun risque à en faire un usage prolongé sous surveillance médicale et en respectant des pauses d'une semaine par mois. Mais aucun traitement, si « naturel » soit-il, ne doit être entrepris en vue de corriger un trouble cardiaque, même peu inquiétant en apparence, sans diagnostic préalable et avis du cardiologue.

RECETTES

Des astuces gourmandes

Salade des trois arbres

Mélanger de jeunes feuilles d'aubépine, de hêtre et de tilleul. Agrémenter d'une vinaigrette à l'huile d'olive, de cerneaux de noix et de quelques fleurs d'aubépine.

Yaourt vert et rouge

Passer au mixer de jeunes feuilles d'aubépine, le contenu de cinq pots de yaourt, sel, poivre, ail, persil, cumin et origan. Servir ce yaourt vert avec une décoration faite de cenelles et de tomates-cerises.

Sauce tomate sans tomates

Faire cuire une bonne récolte de cenelles. Enlever les noyaux. Faire brunir à la poêle de l'ail et des oignons hachés dans de l'huile avec du thym et de la sarriette. Mélanger le tout en ajoutant du persil émincé et de l'origan. Cette sauce s'utilise sur des pâtes ou sur une pizza.

LE BOULEAU BLANC

Betula verrucosa ou *Betula pubescens*

L'ARBRE VENU DU FROID

Cet arbre a été à l'origine d'une véritable « civilisation du bouleau ». Il a participé pendant des millénaires à la survie des populations du Nord de l'Europe, de l'Asie et de l'Amérique. Il leur a fourni son bois pour se chauffer et construire, son écorce pour couvrir les maisons et faire des cordes, des tuyaux, des semelles, des chaussures... Il leur a même offert du tanin pour le traitement des peaux, une boisson et de précieux remèdes. Le bouleau a été une telle providence pour les peuples du Nord qu'ils l'ont divinisé comme arbre tutélaire abritant les fées protectrices de la forêt.

On trouve des bouleaux dans la plupart des forêts de la moitié Nord de la France. Ils semblent affectionner les pentes et les rochers. À noter : c'est le goudron de bouleau qui donne son odeur caractéristique au parfum « Cuir de Russie ».

TOUTE UNE PHARMACIE À LUI SEUL

Les feuilles, les jeunes pousses, l'écorce et la sève ont les mêmes propriétés médicinales, diurétiques et dépuratives, qui sont toujours utilisées pour traiter la goutte, les rhumatismes, la cystite, les calculs urinaires et la cellulite. Le bouleau, sous ses diverses formes, aide à l'élimination des chlorures, de l'urée, de l'acide urique et abaisse le taux de cholestérol. Mais attention, ne récoltez l'écorce que sur des arbres récemment abattus. Un prélèvement trop large, ou même une simple incision circulaire peut entraîner la mort d'un arbre.

L'UTILISATION DES FEUILLES

Pour préparer une bonne infusion, verser un litre d'eau bouillante sur 30 g de feuilles sèches. Laisser infuser cinq à six heures. En prendre trois tasses par jour, entre les repas.

Pour une décoction à usage externe, laisser tremper et macérer cinq ou six poignées de feuilles et de jeunes rameaux dans dix litres d'eau pendant deux jours. Cette décoction détersive et désinfectante s'emploie en lotion ou en compresse pour le traitement des dermites et de l'eczéma. On peut aussi l'ajouter à l'eau d'un bain.

À la mode indienne

Pour survivre en forêt par grand froid, les Indiens confectionnent des galettes qui ont l'avantage de pouvoir se conserver très longtemps. Ils prélèvent au couteau la sous-écorce ou cambium (couche tendre qui se trouve entre l'écorce et le bois), l'écrasent entre des pierres et en font des galettes. Cuites à l'étouffée dans un four improvisé en pierres plates, ces galettes sont extrêmement dures. On y ajoute un peu d'eau chaude pour les transformer en bouillie au moment de les consommer.

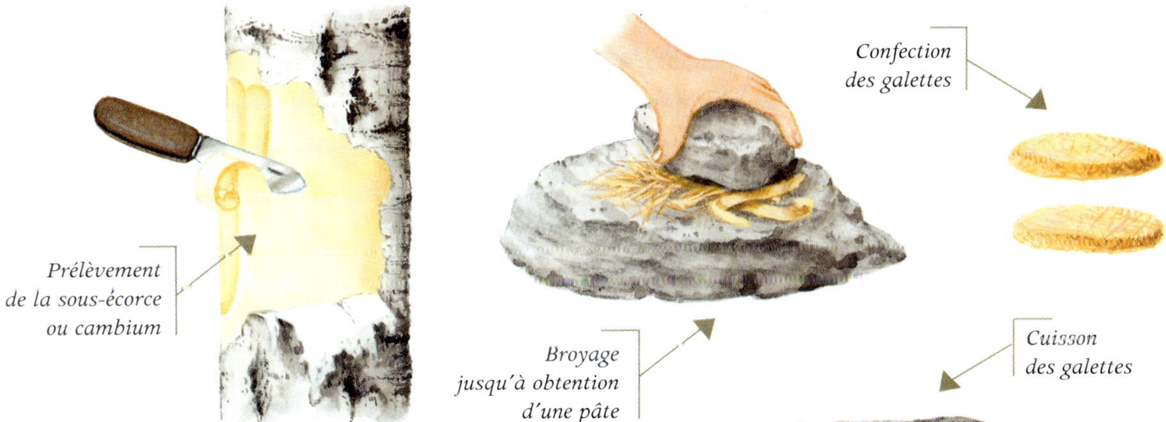

LA RÉCOLTE DE LA SÈVE

On prélève la sève au printemps, en forant dans un tronc un trou de cinq à six centimètres de profondeur à l'aide d'une tarière à main de dix millimètres de diamètre au moins. Puis on y enfonce un tube creux, fait d'un morceau de branche de sureau évidé. Sur la partie supérieure de ce tube, on pratique au couteau une encoche pour y suspendre un petit récipient à anse. Attention ! Cette pratique n'est pas autorisée partout. On peut aussi utiliser une méthode simplifiée : percer le tronc du bouleau avec la pointe d'un couteau et y adapter avec un lien végétal une pochette en plastique, qui se remplira de sève.

LA SÈVE ET LE VIN DE BOULEAU

La sève a été largement employée pour atténuer les taches de rousseur et stimuler la repousse des cheveux. Elle est consommable telle quelle, et peut aussi servir à confectionner une boisson fermentée, le vin de bouleau. Dans un récipient en grès, faire fermenter la sève additionnée d'un peu de miel jusqu'à ce qu'elle bouillonne. Cette boisson agréable est légèrement pétillante.

LA BRUYÈRE

• UN ANTI-INFLAMMATOIRE SANS DANGER

Les deux espèces existant en France, la *Calluna* et l'*Erica*, ont sensiblement les mêmes propriétés. Contrairement à une idée répandue, les bruyères n'existent pas que dans les landes, les dunes et les hauts de falaises maritimes. Elles sont fréquentes en France dans la plupart des forêts, et surtout dans les clairières. Les abeilles sont très attirées par les fleurs de la bruyère callune, très mellifères, et qui fournissent un miel foncé et parfumé à la saveur légèrement amère.

Les médecins de l'Antiquité ne s'intéressaient pas aux bruyères. Elles ne devinrent célèbres qu'à la Renaissance, lorsqu'on les jugea capables de « chasser » les calculs urinaires. La bruyère renferme divers principes actifs comme l'arbutine, à action antiseptique, des tanins astringents, des acides organiques et une essence aromatique qui lui confèrent des propriétés désinfectantes et anti-inflammatoires effectives sur les voies urinaires, et un pouvoir diurétique rapide et puissant. Le tout sans les effets secondaires, parfois redoutables, qu'occasionnent antibiotiques, diurétiques et anti-inflammatoires chimiques.

Les préparations à base de bruyère sont indiquées dans les cas de colibacillose, de cystite et d'hypertrophie de la prostate. Elles peuvent désinfecter les urines et calmer les douleurs de la miction. Elles agissent également sur les coliques néphrétiques et les rhumatismes.

INFUSION ET DÉCOCTION

Pour préparer une infusion de bruyère, cueillir les fleurs au printemps et les faire sécher. En verser une cuillère à thé dans une tasse d'eau bien chaude. En boire deux ou trois fois par jour.
Pour une décoction, plus corsée, mettre 30 grammes de fleurs dans un litre d'eau et faire bouillir jusqu'à réduction à 2/3 de litre. À boire dans la journée par petites tasses, entre les repas.

JOUER AU PETIT TEINTURIER

La bruyère callune est tinctoriale. La laine prend une couleur brun noisette quand elle est immergée dans un bain prolongé de rameaux broyés.
Mais on peut faire varier les couleurs en incorporant différentes substances à cette préparation de base. Lorsqu'on y ajoute quelques cristaux d'alun, la teinture vire au jaune, avec un peu de sulfate de fer elle devient noire, et l'apport de sulfate de cuivre produira une teinte bleue.

RECETTES

Une astuce gourmande

Un hydromel à goût de bruyère

Pour cette recette celte, façon Astérix, on commence par faire une décoction de fleurs de bruyère que l'on utilise pour diluer du miel. Après avoir ajouté un peu de levure de bière, on laisse fermenter environ dix jours puis on filtre. Attention : il ne faut mettre en bouteille que lorsque la fermentation est terminée, c'est-à-dire quand le bouillonnement a totalement cessé (sinon, les flacons risquent d'exploser...).

Un masque de beauté

Pour faire une huile cosmétique, laisser macérer des fleurs fraîches dans de l'huile d'olive. Cette préparation nourrit et protège la peau du soleil ou des rigueurs de l'hiver et calme les irritations.

LES CHAMPIGNONS COMESTIBLES

“L’automne est la saison la plus propice mais certaines espèces, comme les mousserons et les morilles, apparaissent au printemps. ”

• **Hit-parade de la diététique**

Les Français sont, à juste titre, très amateurs de champignons. Leur valeur calorique est faible, puisqu’ils contiennent très peu de glucides et 85 % d’eau. Leur valeur alimentaire tient à la diversité de leurs saveurs et à leur richesse en vitamines. La consommation des champignons ne fait jamais prendre de poids.

Pour les conserver, on peut opter pour l’une ou l’autre de ces deux méthodes.

➤ Les faire congeler après cuisson.

➤ Les conserver par dessiccation. Les couper en tranches que l’on enfile sur un fil de fer et laisser sécher près d’une source de chaleur. Lorsqu’ils sont secs, les réduire en poudre que l’on utilisera comme condiment ou les cuire, après réhydratation.

Où les trouver ?

Dans les prés

- **Mousseron**
- **Coprin**
- **Rosé-des-prés**

Sur le bois mort

- **Pleurote corne d’abondance**

Dans les bois

- **Girolle ou chanterelle comestible**
- **Bolet élégant**
- **Cèpe de Bordeaux**
- **Coulemelle**
- **Lactaire délicieux**
- **Morille (en avril-juin)**
- **Trompette-de-la-mort**

Équipement du chasseur de champignons

- Un bâton de marche, pour écarter la végétation.
- Un panier d'osier rectangulaire.
- Des bottes ou chaussures en caoutchouc.
- Un couteau.
- Un guide de poche illustré et en couleurs sur les champignons.

Rosés-des-prés.

Coprin chevelu.

RECETTES

Une astuce gourmande

Champignons à la provençale

Pour 4 personnes

- *1 kg de champignons*
- *2 c. d'huile d'olive*
- *2 c. de vin blanc*
- *1 c. de farine*
- *Persil, ail, sel et poivre*

Éplucher et bien laver les champignons à l'eau vinaigrée. Couper les plus gros. Mettre deux cuillerées d'huile d'olive dans une casserole. Y ajouter les champignons avec du sel, du poivre, du persil et de l'ail haché. Laisser cuire 10 minutes. Saupoudrer avec une cuillerée de farine. Remuer. Ajouter deux cuillerées de vin blanc et une d'eau. Laisser bouillir 10 minutes et servir très chaud.

PRÉCAUTIONS

Il existe des champignons extrêmement toxiques, comme l'amanite phalloïde, les amanites vireuse et printanière, la lépiote helvéolée et le cortinaire orellanus, entre autres. Les champignons hallucinogènes, les psilocybes, sont également très dangereux. Leur consommation par un conducteur de véhicule automobile peut être à l'origine de très graves accidents de la route.

LE CHÊNE

Chênes pédonculés et glands.

• AUTORITÉ, SOLIDITÉ, LONGÉVITÉ

Dans notre tradition, le chêne, dont toute la Gaule était couverte, est l'arbre noble par excellence. On se souvient que Saint Louis rendait la justice sous ses branches. Quelques expressions populaires expriment la robustesse qu'il symbolise : « solide comme un chêne » ou encore « c'est du chêne massif ! ». Cet arbre peut atteindre quarante mètres de haut, avoir trois mètres de circonférence et vivre quatre cents ans.

PRATIQUE

Éliminer le tanin

Les glands contiennent malheureusement beaucoup de tanin, qu'il est préférable d'éliminer en raison de son amertume et de ses propriétés fortement astringentes. Les tanins étant solubles dans l'eau, il suffit de rincer abondamment. Ils peuvent fournir un ersatz de café, qui fut très utilisé en France pendant l'Occupation : dessécher et faire brunir à la poêle des glands doux, décortiqués, puis les réduire en poudre.

• DES RACINES AUX FEUILLES

Tout est bon dans le chêne. Les racines du pubescent abritent des truffes, l'écorce du suber donne le liège, et les glands ou les feuilles de toutes les espèces ont été utilisés depuis le Paléolithique dans l'alimentation humaine.

Les feuilles sont aromatiques et servent à préparer notamment les cornichons à la russe. Le bois, en brûlant, parfume les cuissons ; les Berbères du Maroc par exemple ne grillent traditionnellement le méchoui qu'avec du bois de chêne et des bruyères. Les glands et les feuilles de cet arbre sont aussi en hiver la providence des écureuils et des loirs, comme des blaireaux et des sangliers qui en sont très friands.

● **Les espèces courantes en France**

- Chêne pédonculé ou chêne blanc.
- Sessile ou rouvre.
- Pubescent, protecteur des truffes.
- Yeuse ou chêne vert.
- Chêne-liège ou suber,
  en région méditerranéenne et dans les Landes.

● **Partager le pain de Géronimo**

Les Indiens du Far West enterrent des glands dans du sable de rivière avec des cendres de bois et de l'herbe, les laissent fermenter et s'adoucir pendant une semaine. Puis ils les réduisent en farine, ajoutent à la pâte un peu d'argile et cuisent au four ce pain riche en protéines.

RECETTES

Des astuces gourmandes

Cornichons de glands

Dans un pot de grès, disposer les aromates habituels (sel, poivre, fenouil, laurier) puis y ajouter les glands décortiqués. Recouvrir complètement en versant du vinaigre blanc bouillant. Fermer le pot et attendre deux mois avant de consommer. C'est un merveilleux accompagnement pour les gibiers.

Le pâté de glands, nutritif et savoureux

Passer les glands à la poêle puis les écorcer. Hacher finement et faire cuire dans une grande marmite d'eau en renouvelant celle-ci jusqu'à ce qu'elle reste claire et que les glands aient perdu leur amertume.
Mélanger la pâte obtenue avec de la levure, de l'huile d'olive, de l'ail, des oignons, des olives émincées, du pain trempé et deux œufs. Cuire au four. À consommer chaud ou froid.

L'ÉGLANTIER DE TOUS LES BIENFAITS

Rosa canina

Fleurs et fruits de l'églantier (cynorhodons) ont des vertus médicinales.

GORGÉ DE VITAMINES

L'églantier, ou rose des chiens, est un rosier sauvage et l'églantine, sa fleur, la rose sauvage au parfum discret. Son fruit, le cynorhodon, est aussi appelé familièrement « gratte-cul », en avertissement aux imprudents qui pourraient être tentés de l'avaler sans avoir enlevé sa bourre interne de poils raides, très irritants.

Les cynorhodons constituent l'une des meilleures sources naturelles de vitamine C. Ils doivent être cueillis à maturité complète, après les premiers gels. Mais attention, la chaleur détruit la vitamine C. Pour profiter de ses bienfaits en consommant des cynorhodons, il faut privilégier les préparations qui ne nécessitent pas de cuisson.

EN USAGE EXTERNE

La pulpe brute des cynorhodons, avec les poils, car ici cela n'a aucune importance, peut être employée avec succès en onguent pour faire cicatriser rapidement les plaies, les brûlures et même les escarres et les ulcères variqueux. Cet effet est encore une conséquence des propriétés de la vitamine C.

LES VERRUES DISPARAISSENT

Selon une recette charentaise du Moyen Âge, il suffit d'introduire une mèche de cheveux coupée le jour de l'Ascension dans le rameau fendu d'un buisson d'églantier. À mesure que la branche se dessèche, les verrues disparaissent… C'est en tout cas une bonne occasion de promenade en forêt !

Des astuces gourmandes et médicinales

L'épidémie de grippe menace...

Éplucher à l'aide d'un canif un nombre suffisant de fruits d'églantier puis faire une décoction de 100 g d'écorces dans un litre d'eau. C'est un breuvage salutaire, préventif et curatif contre la grippe, précisément à cause de sa teneur en vitamine C.

Tisane de cynorhodons des Suisses

Les fruits d'églantier, débarrassés de leurs poils, de leurs graines et séchés à four doux, s'emploient en infusion. Diurétique et légèrement astringente, elle est efficace contre les diarrhées.

Une infusion laxative

Faire macérer pendant quelques minutes de 10 à 20 g de pétales frais dans 200 g d'eau.

Confiture de gratte-cul au miel

Débarrasser les fruits de leur tige, de leur mouche, des pépins et des poils. Les passer au mixer. Ajouter à cette purée un peu plus que son poids de miel. Mélanger. Mettre en pots et couvrir. Conserver au réfrigérateur et consommer dans le mois qui suit. La cuisson, qui permettrait une plus longue conservation, détruirait la précieuse vitamine C.

Des graines sédatives

Séchés entiers et broyés avec les graines, les cynorhodons donnent une boisson calmante. Les faire infuser dans une étamine pour retenir les poils. Efficace contre l'insomnie et les états d'anxiété.

LE HÊTRE

Fagus sylvatica

“Les fromages de Cantal traditionnels sont toujours protégés par des feuilles de hêtre. ”

L'un des princes de la forêt française

Ce grand arbre à feuillage dense peut atteindre quarante mètres de haut à cent cinquante ans. Sa croissance, plus rapide que celle du chêne, et son emploi dans la fabrication de la pâte à papier lui donnent une importance économique croissante. Il existe différentes espèces de *Fagus* dans la monde entier.

C'est l'essence dominante dans les forêts européennes tempérées où il s'est répandu depuis cinq mille ans seulement, c'est-à-dire tardivement. Le hêtre est si bien adapté à nos régions qu'il a réussi à se maintenir même dans des secteurs surexploités et pollués. En France, les plus belles hêtraies se trouvent en Normandie. C'est aussi l'un des beaux arbres de la région parisienne et des montagnes méridionales. Cet arbre est cependant assez sensible aux variations climatiques et à la qualité du sol.

Les hêtres portent des fleurs mâles et des fleurs femelles; leurs fruits sont des faines. Les sangliers sont aussi friands de faines que de glands et contribuent ainsi à la dissémination de l'arbre.

Les multiples utilisations du bois

Pour les forestiers, une hêtraie naturelle est un «fagion». Le bois blanc, dur et flexible du hêtre, est très apprécié. Ses qualités mécaniques le font utiliser en charronnerie, en menuiserie générale et plus spécialement pour les chaises. Le fumage de la charcuterie se fait avec des copeaux de hêtre.

Huile de faines, pour amateurs patients

Pressées à froid, les faines donnent une huile très fine et particulièrement savoureuse. Elle peut être consommée crue, sur des salades, ou utilisée en cuisine. Mais elle n'atteint sa saveur maximale qu'au bout de six ans!

Liqueur de hêtre ou gin supertonic

Dans un grand bocal en verre presser un litre de jeunes feuilles et y ajouter un litre de gin. Laisser macérer une semaine. Filtrer et presser. Ajouter 250 g de sucre fondu dans un peu d'eau chaude. Verser un petit verre de cognac. Mettre en bouteilles cette superbe liqueur verte. Selon les goûts, il est possible de modifier la quantité de sucre pour obtenir une boisson plus ou moins sirupeuse.

Salade de jeunes feuilles

Les jeunes feuilles de printemps sont tendres et parfumées. Elles sont délicieuses en salades, si possible préparées avec de l'huile de faines. Seul inconvénient qui ne rebutera pas les sportifs: les branches feuillues sont toujours assez haut au-dessus du sol. Mieux vaut rechercher les jeunes pousses ou les arbres encore peu développés et poussant à flanc de pente.

LE FRAISIER DES BOIS

Fragaria vesca

Le vrai goût de la fraise

Les fraisiers des bois sont répandus dans toute l'Europe et aussi en Asie non tropicale. Connus et utilisés comme aliments depuis la préhistoire, ils servent à confectionner des remèdes depuis la Rome antique. Très communs dans les bois, les lisières et les taillis, ils fleurissent en mai-juin et leurs fruits se récoltent de juillet à octobre. Les feuilles et la racine (rhizome) du fraisier sauvage sont diurétiques et astringents.

Toute bonne cuisinière a été un jour tentée de garnir une pâte à tarte de fraises des bois plutôt que d'y placer des fraises de supermarché, comme n'importe quel industriel de la pâtisserie. Et toute la famille a été éblouie par la différence. Une tarte aux fraises achetée en grand magasin ? C'est un peu fade... Une tarte aux fraises du jardin ? Tiens, ça a du goût ! Une tarte aux fraises des bois ? Voilà enfin une vraie tarte aux fraises, qui délivre toutes les saveurs du fruit.

Un élixir de longue et meilleure vie

L'infusion ou la décoction à froid de jeunes feuilles de fraisier sauvage est recommandée aux anémiques, aux fatigués et aux convalescents d'hépatites, en boisson quotidienne. Elles sont aussi efficaces sur toutes les affections des voies urinaires et le traitement des diarrhées.

PRÉCAUTIONS

Attention à l'échinococcose ! Malgré l'explicable et évidente tentation, il est préférable de ne pas consommer les fraises des bois telles quelles, au cours d'une promenade en forêt. Elles peuvent être contaminées par l'urine des renards et transmettre les larves d'un dangereux parasite, le tænia échinocoque, responsable chez l'homme de kystes hydatiques (touchant le foie ou les poumons) qui sont parfois mortels. Il faut donc attendre de les avoir parfaitement lavées, ou ne les consommer qu'après cuisson.

RECETTES

Des astuces gourmandes

Un régal, mais aussi un fortifiant.

Le sublime vin de fraises

Écraser une livre de fraises des bois. Ajouter un peu d'eau et passer au mixer. Filtrer puis ajouter à une bouteille de bon bordeaux. On peut obtenir du vinaigre de fraises des bois en ajoutant le même jus à un bon vinaigre de vin.

Pour l'infusion : mettre 100 g de feuilles dans 1/4 de litre d'eau bouillante. La même préparation, refroidie et appliquée en pansement deux fois par jour, favorise la cicatrisation des plaies infectées et des ulcères. Les feuilles ont également la vertu de neutraliser une mauvais haleine : faire macérer 100 g de feuilles sèches dans 1/4 de litre d'eau pendant une heure. Utiliser cette décoction en gargarisme ou en bain de bouche matin et soir.

• UNE SALADE ORIGINALE ET SURVITAMINÉE
Les jeunes et tendres feuilles des fraisiers sauvages sont comestibles et particulièrement riches en vitamine C. Après les avoir soigneusement lavées (voir l'encadré Précautions), on peut en faire une salade, si la cueillette a été bonne, ou les ajouter à d'autres feuilles, de pissenlit en particulier pour étoffer le plat. Pour l'assaisonnement, choisissez de préférence de l'huile de noix.

LE LIERRE GRIMPANT

Hedera helix

Lierre terrestre

Lierre grimpant

Ne pas confondre

Les lianes sont généralement des plantes tropicales. Le lierre est la seule liane européenne. Le lierre grimpant est une araliacée mais il existe aussi en France un lierre terrestre très commun (*Glechoma hederacea*) qui est une labiée et n'a pas les mêmes vertus médicinales que son cousin monte-en-l'air.

Une plante décorative mais un parasite redoutable

Le feuillage du lierre est toujours vert, été comme hiver. Ses racines crampons lui permettent de se fixer sur les troncs d'arbres, les rochers, les murs des maisons et ceux des clôtures. Il adoucit l'aspect froid de la pierre et sa présence est très appréciée par les paysagistes ou les amateurs de belles demeures. Mais c'est en réalité un ennemi des constructions humaines.

Il dégrade en effet l'extérieur des murs en altérant les crépis protecteurs et accélère la ruine des maisons abandonnées en facilitant la pénétration de l'eau dans les interstices des pierres, ce qui amène leur dislocation par le gel. Sans le lierre grimpant, les châteaux forts du Moyen Âge seraient aujourd'hui moins endommagés. C'est aussi un parasite végétal forestier, responsable de la mort de beaucoup de sapins et de chênes.

Rameaux fertiles et rameaux stériles

Les feuilles du lierre, toujours vert foncé, luisantes et coriaces, ont une queue (pétiole) longue. Mais elles n'ont pas toutes la même forme. Portées par les rameaux fertiles, elles sont en forme de fer de lance. Celles des rameaux stériles, au contraire, sont découpées en trois ou cinq lobes et voisinent de septembre à octobre avec de petites fleurs vertes en ombelles.

Auxiliaire de la santé depuis des siècles

Seules les feuilles sont utilisées, après séchage. À faibles doses, les infusions de feuilles de lierre ont un effet vasodilatateur, anti-inflammatoire, et calment la toux. Elles stimulent aussi les fonctions hépatiques et biliaires. En revanche les fleurs, et surtout les baies, sont toxiques.
La seule utilisation raisonnable du lierre est d'usage externe, comme émollient ; une application de feuilles broyées facilite l'élimination de la corne plantaire, des cors et des durillons.

Le bâton des druides

Les druides celtes ne s'intéressaient pas qu'au gui, qu'ils cueillaient avec une faucille d'or. Ils ne se déplaçaient jamais sans un bâton magique taillé dans une forte tige de lierre.

“À la Saint-Pierre s'épanouit le lierre ” (proverbe picard).

Le lierre est le symbole de l'amour : « Je meurs où je m'attache ».

LE FRÊNE
Fraxinus excelsior

L'ARBRE DES DIEUX

Le frêne peuplait déjà les forêts européennes bien avant l'arrivée des hommes de Neandertal. Il y était alors beaucoup plus répandu qu'aujourd'hui. Dans la mythologie grecque, ses frondaisons abritent le tribunal des dieux et il cache les Parques sous ses racines. Comme sa foliation est tardive, les anciens Danois avaient pour devise : « Frêne avant chêne : été radieux. Chêne avant frêne : été pluvieux ».

UN FEUILLAGE BIENVEILLANT

Le feuillage de frêne a été longtemps utilisé comme fourrage d'été pour le bétail. Bien plus sain pour les animaux d'élevage que les « granulés » fabriqués actuellement avec des bêtes mortes. Les propriétés médicinales des feuilles de frêne sont en bonne partie dues à la présence de rutoside anti-inflammatoire, de mannitol diurétique et de mucilages.

Fleurs de frêne femelles.

RECETTES

Des astuces gourmandes et médicinales

Une salade revigorante

Les fruits du frêne ou samares se consomment crus en salade, mélangés à de jeunes pousses. Leur pouvoir « vénusiaque » sans brutalité pourra redonner vigueur et bonheur aux amoureux un peu fatigués sans aucun risque pour leur santé.

L'écorce de frêne, proche de l'écorce de quinquina

Prélever l'écorce sur les jeunes branches d'arbres abattus. En faire une infusion en laissant bouillir l'eau au moins cinq minutes. En boire trois à cinq tasses par jour. Cette boisson fébrifuge, antigrippale et antipaludique a été longtemps utilisée en l'absence de quinquina, plus concentré en principes actifs. Pour obtenir des effets comparables à ceux du quinquina, il suffit d'en faire une tisane plus corsée et d'en boire davantage.

La frênette, bière de famille et boisson de santé

Rafraîchissante et apéritive, la frênette est aussi fortifiante, diurétique, laxative, sudorifique et antirhumatismale. Elle est conseillée aux convalescents et pour combattre l'arthrose, la goutte ou les œdèmes. Elle possède aussi des propriétés fébrifuges, moins marquées cependant que celles des préparations réalisées à base d'écorce.

Pour 60 litres de frênette

- *60 g de feuilles de frêne récoltées en juillet et séchées à l'ombre*
- *60 g de levure sèche (achetée chez le boulanger)*
- *3 kg de sucre ou mieux 3 kg de miel d'acacia*
- *100 g de chicorée torréfiée*

Préparer d'abord une décoction de chicorée dans 2 litres d'eau chaude ; faire dissoudre le sucre ou le miel dans 2 litres d'eau bouillante ; puis faire une infusion avec les feuilles en les immergeant de deux à trois heures dans 5 litres d'eau chaude. Laisser refroidir ces trois préparations.

Verser le tout en filtrant dans un tonneau de 60 litres préalablement bien rincé (c'est bien plus sympathique qu'un container en plastique). Y ajouter la levure délayée dans 1 litre d'eau froide. Compléter le remplissage du tonneau... pas totalement, à cause de la fermentation. Ne pas fermer de façon étanche ! Se contenter d'un linge blanc posé sur la bonde. Laisser fermenter onze jours à la cave et en profiter pour préparer des bouteilles destinées aux boissons sous pression (de champagne, de cidre ou de bière).

Mettre la frênette en bouteilles par temps clair et les conserver debout dans une cave bien fraîche, à demi ensevelies sous du sable arrosé chaque jour. Laisser reposer un mois avant de commencer à consommer. Servir bien frais.

LE FUSAIN

Evonymus europeus

"Le 'bonnet de curé' doit son surnom aux fruits rouges, ornés de quatre côtes saillantes rappelant la barrette des prêtres."

Un arbuste presque insignifiant !

Petit arbre commun dans les haies et les bois, haut de deux à trois mètres, le fusain ne cherche pas à être remarqué. Il est fréquent dans les taillis, les lisières, les buissons et les boqueteaux. Il est la modestie même. Les tiges ligneuses, de section carrée, portent des feuilles opposées, lancéolées, à bords dentés. Les fleurs, discrètes, petites et blanchâtres, groupées par grappes de deux à cinq fleurs, apparaissent en mai et juin. Les fruits du fusain, rouges, charnus et divisés en quatre loges sont toxiques, purgatifs, cholagogues et insecticides. Ce sont les oiseaux qui les disséminent.

Se protéger sans polluer

Les hommes ont toujours voulu se protéger des insectes qui les importunent, leur infligent des douleurs, leur transmettent des maladies ou détruisent les récoltes. Les recettes insecticides, souvent végétales, se sont multipliées au cours du temps, puis la lutte destinée aux usages agricoles ou ménagers est devenue chimique, avec l'emploi du soufre, du sulfate de cuivre et de dérivés arsenicaux. Le D.D.T. fit son apparition en 1940, suivi du parathion, du H.C.H. et du Lindane, des pesticides chimiques de synthèse qui ont été déversés par millions de tonnes sur les champs. Autant de produits qui se révèlent de moins en moins efficaces devant la résistance de leurs « cibles » et qui, surtout, n'étant pas assez sélectifs, détruisent la faune et polluent l'environnement. Le glaneur, dans son contact privilégié avec la nature, se doit de connaître ces problèmes de pollution ; au moins pour ne pas se transformer lui-même en pollueur et éviter de s'intoxiquer en goûtant aux fraises des bois ou aux prunelles sans les avoir lavées. Il doit aussi savoir que la nature met à disposition des sages de modestes mais efficaces insecticides, comme le sureau ou le fusain notamment.

Un parasitifuge efficace

Faire sécher les fruits et les pulvériser. Cette poudre, appliquée sur le poil de nos animaux préférés, les protège des puces et des tiques. Un autre emploi possible : une pincée de poudre, glissée dans les poches de nos vêtements, éloigne les acariens (y compris les aoûtats) et les puces.

PRATIQUE

Une teinture

Il est possible d'employer les fruits rouges du fusain pour teindre des cotonnades ou des lainages. On obtient des nuances plus ou moins soutenues selon la quantité de « bonnets de curés » que l'on broie et que l'on mélange à l'eau d'une bassine.

L'instrument des dessinateurs

Le fusain fournit le fameux « charbon de bois » des artistes. Il suffit de faire brûler doucement, à feu couvert, des rameaux d'*Evonymus europeus* préalablement un peu séchés. Après refroidissement, on protège chaque brin en l'enrobant dans une bande de papier adhésif, ce qui permettra de dessiner un paysage ou une jolie brune sans se noircir les mains. Cet arbrisseau originaire du Japon a ainsi permis aux « fusainistes » de développer l'art du trait depuis des siècles.

Un insecticide domestique

Broyer 500 grammes de fruits frais et appliquer cette bouillie au pinceau sur tous les passages empruntés par les insectes, comme les fourmis et les araignées, qui s'introduisent dans la maison. Cet insecticide est infiniment préférable aux D.D.T., H.C.H. et autres Lindane qui polluent l'environnement d'une façon durable, et peut-être pour des siècles...

Des baies aux propriétés apéritives et digestives.

LE GENÉVRIER

Juniperus communis

IL Y A CINQ SIÈCLES ET PLUS...

Cet arbuste résineux aux branches recouvertes d'aiguilles est répandu dans toute l'Europe et l'Asie, à la lisière des forêts et dans les pâturages, surtout sur sols rocailleux et calcaires.

Les fruits, bleutés, sont des cônes appelés aussi baies. Ils contiennent de la résine, une huile essentielle, un glucoside et un amer, la junipérine, ce qui leur confère des propriétés diurétiques, sudorifiques, toniques stomachiques, antirhumatismales et désinfectantes. Caton prescrivait le genévrier contre les rétentions d'urine et la sciatique, confirmant ainsi un usage beaucoup plus ancien. Au Moyen Âge, on lui prêtait le pouvoir de guérir des empoisonnements de toute origine. Les baies du genévrier et son bois sont toujours utilisés pour combattre le manque d'appétit, la paresse intestinale, les fermentations, les bronchites chroniques, l'asthme, les cystites, la colibacillose, les arthroses, la goutte et les fatigues. La cueillette se fait de septembre à octobre. N'oubliez pas de porter des gants.

RECETTES

Des astuces gourmandes et médicinales

Vin de cendres de genévrier

Faire brûler quelques branches sur une tôle propre. Tamiser la cendre refroidie. En mettre 150 grammes dans 1 l de vin blanc. Filtrer. En boire de deux à trois verres à liqueur par jour.

La genévrette pétillante

Faire germer 4 kg de grains d'orge en les étalant dans des bacs et en les recouvrant d'eau froide. Laisser tremper une nuit puis vider cette première eau. Humecter régulièrement les grains en les arrosant deux fois par jour. Ils doivent rester humides. La germination est plus rapide à l'obscurité et à 20° environ. Sécher les grains germés, les griller et les broyer. Verser la poudre dans un récipient en grès. Ajouter 500 g de baies de genièvre écrasées et une branche d'absinthe, plante médicinale amère et anisée commune dans toute l'Europe. Compléter avec 10 l d'eau et laisser fermenter dans un endroit chaud (25° C si possible). Quand la fermentation est terminée, filtrer la genévrette et transvaser dans un petit tonneau. Attendre trois mois avant de consommer.

Infusion et décoction

Faire infuser une cuillère à café de baies séchées et broyées dans une tasse d'eau bouillante. Renouveler l'opération trois à quatre fois par jour.
La décoction de bois ou l'infusion de baies en friction sont recommandées pour les eczémas suintants, l'acné, les ulcères, les plaies atones ainsi que dans la gale et les aoûtats. Elles activent aussi la pousse des cheveux.

Plaisir du goût et bienfait de santé

Les baies de genièvre sont un condiment traditionnel de la choucroute mais elles peuvent aussi s'incorporer aux différentes préparations de choux ainsi qu'au pot-au-feu. Leur emploi se justifie parfaitement du point de vue aromatique, et ajoute à l'agrément des papilles des effets apéritifs et digestifs. Une simple laitue ou, mieux, une salade de mâche acquiert une personnalité nouvelle et inattendue lorsqu'on ajoute à la traditionnelle vinaigrette quelques baies de genévrier écrasées.

Un apéritif original qui stimule l'appétit

Faire macérer pendant quatre jours 25 g de baies broyées et 25 g de jeunes rameaux écrasés dans 1 litre de vin blanc doux. Filtrer et ajouter 20 g de sucre. Recommandé pour les fatigués et les convalescents à raison d'un petit verre avant chaque repas.

« Une précaution : ne pas utiliser le genièvre en cas d'affection des reins ni pendant la grossesse. »

LA GRANDE GENTIANE

Gentiana lutea

"Depuis l'Antiquité la gentiane est la plante de santé par excellence des montagnards européens. "

Une bienfaisante amertume

Cette grande plante vivace originaire des Carpathes, qui peut atteindre un mètre de haut, est solidement arrimée au sol par une racine pivoyante de quarante centimètres de long. Il lui faut résister à la neige, à la glace, au vent, aux pluies et aux ruissellements violents. La gentiane est parfaitement adaptée aux dures conditions climatiques de l'altitude et des sols en pente.

Elle ne donne ses premières fleurs jaune vif qu'à dix ou onze ans et vit plus de cinquante ans. La racine est la seule partie utilisée, si l'on excepte les bouquets que l'on peut faire avec ses fleurs.

Déjà utilisée en Grèce et dans la Rome antique, elle est mentionnée dans les traités de Dioscoride et de Pline. Les hommes apprécient donc depuis très longtemps cette racine de gentiane jaune comme le tonique végétal par excellence.

Jusqu'à l'introduction du quinquina sur le Vieux Continent, en 1639, elle resta l'un des fébrifuges les plus prescrits. Actuellement, elle est beaucoup plus employée dans la fabrication de liqueurs et de vins aux prétendues vertus apéritives qu'en préparations médicinales.

Vous avez dit gentiopicroside ?

La racine de gentiane contient un pigment jaune, une essence, une huile, de la pectine, des sucres et surtout un glucoside amer, le gentiopicroside, dont l'action se rapproche de celle de la quinine. C'est ce produit qui est à l'origine de la célébrité de la gentiane et qui a fait la fortune de tous les industriels de l'apéritif.

Sans rivaliser avec la quinine, le gentiopicroside détruit effectivement les hématozoaires du paludisme. La gentiane est donc un remarquable fébrifuge naturel. Elle renforce les défenses de l'organisme et se montre très efficace dans les fièvres paludéennes péri-méditerranéennes, sans avoir les effets secondaires des antipaludiques chimiques modernes. Pour traiter un accès palustre, il est conseillé de prendre chaque jour 10 à 15 grammes de racine broyée dans de la confiture ou du miel.

Tonique et fébrifuge

La racine de gentiane est presque totalement dépourvue de tanin. Elle n'a aucun effet astringent et ne provoque pas d'irritation. C'est le « stomachique » idéal. Elle est recommandée dans le manque d'appétit, les anémies et les convalescences de maladies infectieuses, l'insuffisance hépatique et contre les petits vers intestinaux. La gentiane favorise la multiplication des globules blancs, d'où son intérêt comme adjuvant après une chimiothérapie.

La macération à froid

Mettre 3 grammes de racines sèches et broyées dans une tasse d'eau froide. Laisser macérer ainsi pendant 3 ou 4 heures. Filtrer et sucrer abondamment car la gentiane est très amère. En absorber deux tasses par jour.

RECETTES

Une astuce gourmande

Le vin de gentiane

Choisir un bon vin blanc du Jura ou des Alpes. Pour un litre, ajouter 20 g de racines de gentiane émincées, séchées au four (thermostat minimum et porte ouverte) et broyées au mortier. Ne pas laisser macérer plus d'une journée. Filtrer. En boire un verre à liqueur au début des repas.

LE MERISIER

Prunus avium

Des cerises sauvages

Le merisier, répandu dans toute l'Europe, est commun dans les forêts de feuillus. C'est un arbre de taille moyenne, à l'écorce lisse et aux fleurs blanches. Ses fruits rouges doux acides (les merises) sont plus petits que les cerises cultivées. Le bois de merisier est dur et résistant.

Un bois très apprécié par les ébénistes.

Il est apprécié par les ébénistes et les graveurs sur bois. Mais la vocation du merisier est essentiellement gastronomique. Les merises, récoltées en juillet et en août, servent principalement à préparer des sirops de cerises, le cherry-brandy et le kirsch, dont l'odeur caractéristique est due à l'amygdaline des noyaux. Malheureusement, toute tentative artisanale de fabriquer du cherry-brandy et du kirsh, produits protégés par des secrets de fabrication bien gardés, est immanquablement vouée à l'échec.

Il est par contre parfaitement possible, après une bonne glane de merises sauvages, de se régaler de préparations solides ou liquides particulièrement simples à réaliser chez soi.

Il y a merisier et merisier : Prunus avium et Prunus padus

Il ne faut pas confondre le *Prunus avium*, ou merisier vrai, avec le *Prunus padus*, ou merisier à grappes. Ils sont d'ailleurs assez faciles à distinguer car le *padus* est un arbre nettement plus petit que l'*avium* et ses feuilles blanches, ainsi que ses fruits, âcres et noirs, se présentent « en grappes ».

C'est le *Prunus padus*, dont l'écorce a quelques propriétés médicinales, que l'on utilisait autrefois malgré sa toxicité dans le traitement des troubles cardiaques et intestinaux.

Des astuces gourmandes

Le clafoutis aux merises

- *500 g de merises*
- *100 g de farine*
- *100 g de sucre*
- *5 œufs*
- *1/4 de litre de lait*

Disposer les merises équeutées et dénoyautées dans un plat rectangulaire beurré. Battre par ailleurs dans une terrine la farine, le sucre et les œufs entiers. Ajouter au mélange, en remuant, le lait et une pincée de sel. Verser cette pâte liquide sur les merises. Faire cuire au four 45 minutes à feu moyen. Ce gâteau peut se servir chaud ou froid.

Le vin aux merises

Mettre 200 grammes de merises équeutées et dénoyautées dans un litre de bon vin rouge des Corbières. Ajouter un peu de sirop de sucre, en quantité variable selon les goûts. Laisser reposer le tout une semaine et filtrer avant de consommer.

Le vin de merises

Faire une bouillie de merises dénoyautées. La laisser fermenter dans un récipient en terre recouvert d'un linge, dans un lieu assez tiède (20° environ). Le « moût » bouillonne pendant une semaine puis se calme. À ce moment, filtrer et corriger l'acidité avec du sucre ou du miel. Notons que cette « chaptalisation » est interdite pour les vins commerciaux. Laisser reposer encore une semaine puis mettre en bouteilles.

Les merises à l'eau-de-vie

Faire macérer pendant un mois 200 grammes de merises entières dans un litre d'alcool de fruits à 45°. Y ajouter au besoin un peu de sirop de sucre. La liqueur ainsi obtenue titrera entre 25 et 30°.

LE MARRON D'INDE

« Originaire des Balkans, où il prospère toujours à l'état sauvage, le marronnier d'Inde a été introduit en Europe occidentale au XVIe siècle. »

Chaud, les marrons !

Erreur ! Ce ne sont pas des marrons mais des châtaignes qui sont vendues grillées aux terrasses des cafés en hiver. On commet la même erreur en parlant de « purée de marrons » ou de « dinde aux marrons ». Le marron d'Inde serait aussi nutritif et énergétique que la châtaigne par sa richesse en glucides, mais il contient des saponines toxiques, qui pourraient rendre sa consommation dangereuse... Il est indispensable de laver la pulpe du marron très longuement afin de le rendre inoffensif.

PRATIQUE

La décoction de marrons

Faire bouillir dans de l'eau pendant vingt minutes un kilo de marrons épluchés. Utiliser cette décoction en compresses imbibées pour panser les plaies, laver les engelures ou calmer une crise hémorroïdaire.

Le marronnier d'Inde est un arbre d'ornement abondamment planté le long des routes et des rues, dans les parcs et sur les places de la plupart des agglomérations. On le trouve aussi dans la nature.

Le bienfaiteur des jambes lourdes

Le fruit est une capsule épineuse qui contient une graine, le marron. Il arrive qu'une capsule en contienne deux, ou même trois. On en extrait l'Intrait de marron d'Inde, un médicament devenu célèbre contre les troubles de la circulation veineuse (jambes lourdes, varices, hémorroïdes). L'écorce du marronnier d'Inde a les mêmes propriétés que son fruit.

Un anti-famine

Dans bien des pays, en période de crise, et de guerre en particulier, les habitants des villes et des campagnes ont échappé à la famine grâce aux marrons d'Inde, qui ont l'avantage de se récolter facilement et en grande quantité.

LA PRIMEVÈRE

Primula veris, Primula officinalis ou *coucou*

Un air de printemps

Cette plante des prairies et des pâturages est commune dans toute l'Europe et l'Asie. Ses fleurs jaune d'or, toutes penchées du même côté, forment une ombelle disposée en haut d'une tige de vingt à vingt-cinq centimètres implantée au centre d'une rosette de feuilles. Elles fleurissent en avril-mai.

La primevère est dotée de nombreux autres noms. Fleur de coucou, primerolle, printanière, fleur de printemps, elle s'appelle aussi herbe à la paralysie, herbe de Saint-Paul, clef de Saint-Pierre. Pendant des millénaires, nos ancêtres ne disposaient pas de calendrier et, dans les campagnes, l'apparition des primevères rassurait leur éternelle inquiétude devant les fantaisies redoutées de la nature. En italien, « primavera » signifie d'ailleurs printemps.

Cette fleur a connu de nombreux usages en médecine ancienne et a été très employée du Moyen Âge jusqu'au XVIIIe siècle. On la prescrivait contre certains troubles nerveux, la paralysie et le bégaiement.

Primevères à grandes feuilles.

Consommée depuis les origines de l'humanité

Les hommes ont toujours mangé les feuilles et les racines de la primevère. Sans le savoir, ils ont ainsi bénéficié de certaines propriétés calmantes, expectorantes et diurétiques de la plante et surtout de la teneur élevée de son rhizome en vitamine C, elle-même stimulante des défenses immunitaires. Toutes les espèces de primevères, *Primula eliator* (primevère élevée) et *Primula vulgaris* (primevère à grandes feuilles) ont les mêmes propriétés médicinales que *Primula veris*.

En usage externe

Grâce aux saponines qu'il contient, le rhizome de primevère est un hémolytique très efficace. Appliquer en compresse une décoction à 10 p. 100 sur les contusions et les ecchymoses.

Contre les insomnies et les névralgies

Une tisane de primevères peut combattre ces désagréments. Mettre 3 grammes de fleurs sèches dans un bol d'eau bouillante. À consommer deux à trois fois par jours.

Un antigrippal naturel, préventif et curatif

Le rhizome de primevère, outre son action reconnue de stimulation immunitaire par sa richesse en vitamine C, accroît les sécrétions salivaires et bronchiques, et favorise l'expectoration. Il s'utilise en décoction à froid. Laisser 20 à 30 grammes de rhizome broyé dans un litre d'eau pendant une heure. En boire trois tasses par jour.

RECETTES

Des astuces gourmandes

Salade de feuilles de primevères à la sauce au bleu

Écraser du bleu d'Auvergne avec de l'ail et un peu de yaourt, puis ajouter de l'huile d'olive jusqu'à obtention d'une sauce à la consistance bien onctueuse. Assaisonner de ce mélange une salade de feuilles de primevères et décorer le plat de quelques fleurs. Les feuilles de primevère ont un agréable arôme légèrement anisé.

Soupe de primevères... Adieu l'hiver !

Ramasser et laver cinq poignées de feuilles de primevères par convive. Dans une cocotte, faire revenir un oignon haché dans de l'huile. Ajouter les feuilles de primevères et une pomme de terre par personne, coupée en petits morceaux. Ajouter un grand bol d'eau par personne. Saler et laisser cuire jusqu'à ce que les pommes de terre soient tendres. Passer à la moulinette. Ajouter un peu de crème fraîche et servir cette soupe avec des croûtons.

Hydromel aux primevères

Remplir à moitié un récipient de 5 litres avec des fleurs de primevères. Par ailleurs, faire bouillir 5 litres d'eau, y ajouter 200 grammes de miel et verser sur les fleurs. Laisser tiédir. Ajouter alors deux à trois cuillères à soupe de levure de bière. Conserver le récipient dans un local tiède. Après fermentation (entre huit et dix jours), retirer les fleurs. Filtrer le liquide et mettre en bouteilles lorsque le bouillonnement est terminé.

LE MILLEPERTUIS

Hypericum perforatum

L'HERBE AUX MILLE TROUS OU HERBE DE LA SAINT-JEAN

Plante vivace de cinquante à soixante centimètres de haut portant des fleurs jaune d'or, le millepertuis est très commun dans les bois clairs, les buissons, sur les bords de chemins et les lisières. Il existe dans toute l'Europe et se rencontre aussi en Asie et en Afrique du Nord. Il doit son nom aux très nombreuses poches sécrétrices des feuilles, qui semblent ainsi percées de multiples petits trous.

Ses feuilles ont été consommées de tout temps. L'usage médicinal est également très ancien puisqu'il est cité par Dioscoride.

Pendant tout le Moyen Âge, le millepertuis a été considéré comme une plante magique sous le nom de *Fuga daemonum* ou chasse-diable. Cueilli au matin de la Saint-Jean, symbole de la lumière et de la chaleur, au plus fort des influences solaires, il était censé chasser l'esprit des ténèbres et guérir les possédés de leurs tourments.

• Un suc rouge sang

Le suc rougeâtre de ses fleurs, pouvant évoquer le sang du Christ, a valu au millepertuis une solide réputation de vulnéraire du XVIe au XVIIIe siècle. Il entrait dans la composition de la célèbre thériaque (antidote contre les poisons) et dans la plupart des grandes préparations médicinales. Il est évidemment moins utilisé de nos jours, malgré ses propriétés très intéressantes que l'expérimentation scientifique a permis de vérifier.

• Salade de millepertuis à la sauce aux noix

Piler au mortier des noix et des noisettes. Y ajouter de l'huile de noix et un peu de yaourt. Parfumer avec de la noix de muscade râpée. Un peu de sel et un filet de vinaigre de framboises pour acidifier. En assaisonner une salade de jeunes feuilles agrémentée d'un semis de fleurs de millepertuis.

• Vin de millepertuis...

Ou comment faire du rosé bienfaisant avec un vin blanc quelconque. Faire macérer pendant un mois dans un litre de vin blanc doux deux poignées de fleurs de millepertuis cueillies par une journée ensoleillée. Ce rosé aromatique est un réel stimulant de l'appétit, et aussi un draineur hépatique qui facilite la digestion des repas copieux.

• Infusion de millepertuis

Toute la plante est tonique des voies digestives et cholagogue. La façon la plus simple de bénéficier de ses propriétés est d'absorber deux à trois fois par jour une infusion faite de 20 g de millepertuis séché versés dans une grande tasse d'eau bouillante.

• Huile de millepertuis

L'huile de millepertuis est l'un des vulnéraires les plus populaires de la médecine traditionnelle. Elle a une action cicatrisante indiscutable, complétée par des propriétés anesthésiantes, anti-inflammatoires et antiseptiques.

Faire macérer pendant trois jours 500 g de fleurs fraîches hachées dans un litre d'huile d'olive et 1/2 litre de vin blanc. Faire bouillir au bain-marie jusqu'à disparition du vin. Filtrer et mettre en flacons de 50 ml, de teinte foncée pour éviter l'altération du produit. Cette huile rouge sombre s'utilise sur les brûlures, plaies et ulcères des humains comme des animaux.

Coups de soleil

▸Ne partez plus en vacances, surtout en haute montagne ou sur la plage, sans emporter un petit flacon d'huile de millepertuis. Ce produit ne devra être utilisé en application locale que sur les rougeurs ou les « cloques » d'un coup de soleil, et non à titre préventif, car il contient un colorant rouge, l'hypéricine, qui est un photosensibilisant.

LE GUI
Viscum album

Une plante sacrée
Le gui est une plante parasite bien connue, qui forme des boules vertes sur les branches des pommiers, des peupliers, des pins, des sapins, des châtaigniers et des chênes dans une grande partie de l'Europe tempérée. Connue depuis la plus haute Antiquité, cette plante était considérée comme magique par les Celtes et les Germains. Le gui sacré des Gaulois était exclusivement celui des chênes et des châtaigniers.

La cueillette du gui n'est pas très commode, car il ne se trouve jamais à portée de main. À défaut de la célèbre serpette en or utilisée jadis par les druides, on peut se servir d'une serpe ou même d'un simple couteau fixé au bout d'une perche. Il est plus simple encore de faire sa récolte sur des arbres abattus. Les propriétés médicinales du gui n'ont rien de magique, elles sont bien réelles. Mais si les feuilles et les tiges peuvent être employées de diverses façons sous contrôle médical, les baies ont par contre une réelle toxicité et il est raisonnable de ne les utiliser qu'en usage externe.

Impossible à confondre
L'originalité botanique du gui tient autant à son système de fixation sur l'arbre, par des ventouses suçoirs, qu'à son aspect bien particulier. Ses feuilles très allongées sont épaisses et coriaces.

Le gui porte sur des rameaux différents des fleurs mâles et des fleurs femelles. Ces dernières donnent naissance à des baies au contenu visqueux qui font le régal des grives en hiver et des fauvettes au printemps. Lorsque les oiseaux régurgitent les graines, encore entourées de pulpe visqueuse, celles-ci restent collées sur des branches où elles germent et développent une racine suçoir. Cette racine perce l'écorce jusqu'au bois, et la future boule de gui est désormais « branchée » sur les ressources alimentaires de l'arbre.

• Une pommade de druides pour les engelures

Mélanger à froid en quantités égales des baies de gui fraîches et du saindoux. Broyer au mortier ou au mixer et appliquer sur la peau atteinte d'engelures. Sur les pommettes et le nez, ces altérations de la peau peuvent presque défigurer un visage en hiver. Les engelures des mains et des pieds sont gênantes et parfois douloureuses. La pommade de gui les soulagera rapidement.

• La teinture de gui

Remplir une bouteille à large goulot de tiges fragmentées et de feuilles de gui, sans tasser. Recouvrir d'eau-de-vie de fruits. Laisser macérer quinze jours dans une ambiance chaude (20 à 22°) en agitant souvent. Filtrer le liquide et presser les éléments solides. À utiliser en massages ou en compresses contre les crampes.

RECETTES

Des préparations médicinales

La tisane de gui

Faire sécher des feuilles et de petites tiges, cueillies de préférence au printemps. Le gui le plus propice à l'usage médicinal est celui des peupliers et des chênes. La tisane de gui se prépare à froid, en faisant tremper une grande cuillère à café de feuilles sèches dans 1/4 de litre d'eau pendant douze heures. Filtrer et réchauffer légèrement. Boire par petites tasses dans la journée. Cette boisson est recommandée pour l'artériosclérose, les séquelles d'accidents vasculaires cérébraux et comme régulateur de la tension.

Le jus frais

Laver feuilles et tiges de gui et les passer, encore humides, au mixer. Passer à travers une étamine. En boire 25 gouttes dans un peu d'eau le matin à jeun, une demi-heure avant le petit-déjeuner, et le soir avant de se coucher. Un remède contre les bouffées de chaleur de la ménopause et l'anxiété.

LE PETIT BOIS

Les « petits usages forestiers »

Ce sont les seuls qui persistent pour le ramassage du petit bois mort, en forêt domaniale ou privée. Quelques poignées de brindilles pour allumer un feu de cheminée, et c'est tout. Il n'est plus question d'en remplir la malle de sa voiture, de tronçonner un arbre mort abattu par un grand vent, et encore moins d'abattre un arbre vivant par quelque procédé que ce soit. Les traditions et les règles ne se contentent pas de varier d'une commune à l'autre, elles évoluent dans le temps et parfois rapidement. Si vous êtes tenté de jouer au bûcheron, la seule solution est de demander une autorisation écrite au propriétaire d'une surface boisée, qui peut l'accorder gratuitement ou non ; elle devra mentionner précisément les lieu, quantité, essences et conditions d'enlèvement.

Personne ne peut espérer actuellement en France faire lui-même ses poutres, ses chevrons et ses planches pour construire sa maison ou fabriquer ses meubles. La seule solution : se procurer le bois dans une scierie ou un magasin de bricolage.

Qu'est-ce que le petit bois mort ?

Ce sont uniquement des brindilles ou des branchettes faciles à briser à main nue et qui jonchent le sol. Mais on ne peut se mettre à l'abri de poursuites judiciaires de la part des Eaux & Forêts ou d'un particulier en prétextant nettoyer bénévolement une forêt à l'abandon. Il est de toute façon interdit de s'approprier une branche morte faisant encore partie d'un arbre.

Tous les bois ne se valent pas

Le charme, le hêtre, l'orme, l'érable, le frêne et le chêne sont les meilleurs bois de chauffage. Ils brûlent lentement, font de la bonne braise et produisent des flammes très chaudes. Les bois tendres comme le tilleul, le peuplier, le marronnier et le châtaignier sont de médiocres combustibles (sauf d'allumage) qui brûlent trop rapidement.

Les bois résineux (pins, sapins, mélèzes) s'allument facilement mais ils pétillent en projetant des étincelles, brûlent trop vite et dégagent une fumée salissante. Il est déconseillé de faire cuire une viande ou un poisson directement à la flamme ou sur les braises d'un feu de résineux.

Comment faire du feu ?

Il faut choisir des matériaux combustibles aussi secs que possible et commencer par placer les plus ténus en allant progressivement vers des branchettes puis des fragments de branches de plus en plus étoffés. L'allumette (ou le briquet) allume le papier journal non glacé et bien bouchonné qui allume lui-même les brindilles posées au-dessus à l'avance. Les brindilles mettent facilement le feu à des petites branches mortes et sèches (maximum 2 cm de diamètre) qui, à leur tour, allumeront des branches plus grosses (5 à 6 cm). Les bois plus gros ne seront mis au feu que lorsqu'il aura produit une quantité suffisante de braises. Pour plus de rapidité, il est préférable de les fendre en long. Il ne faut pas tricher avec de l'alcool liquide ou, pire, de l'essence ou du gazole dont l'emploi risque d'envoyer l'imprudent dans un service pour grands brûlés. Il faut enfin se souvenir, pour se réchauffer ou cuisiner, que ce n'est pas la flamme mais la braise qui chauffe.

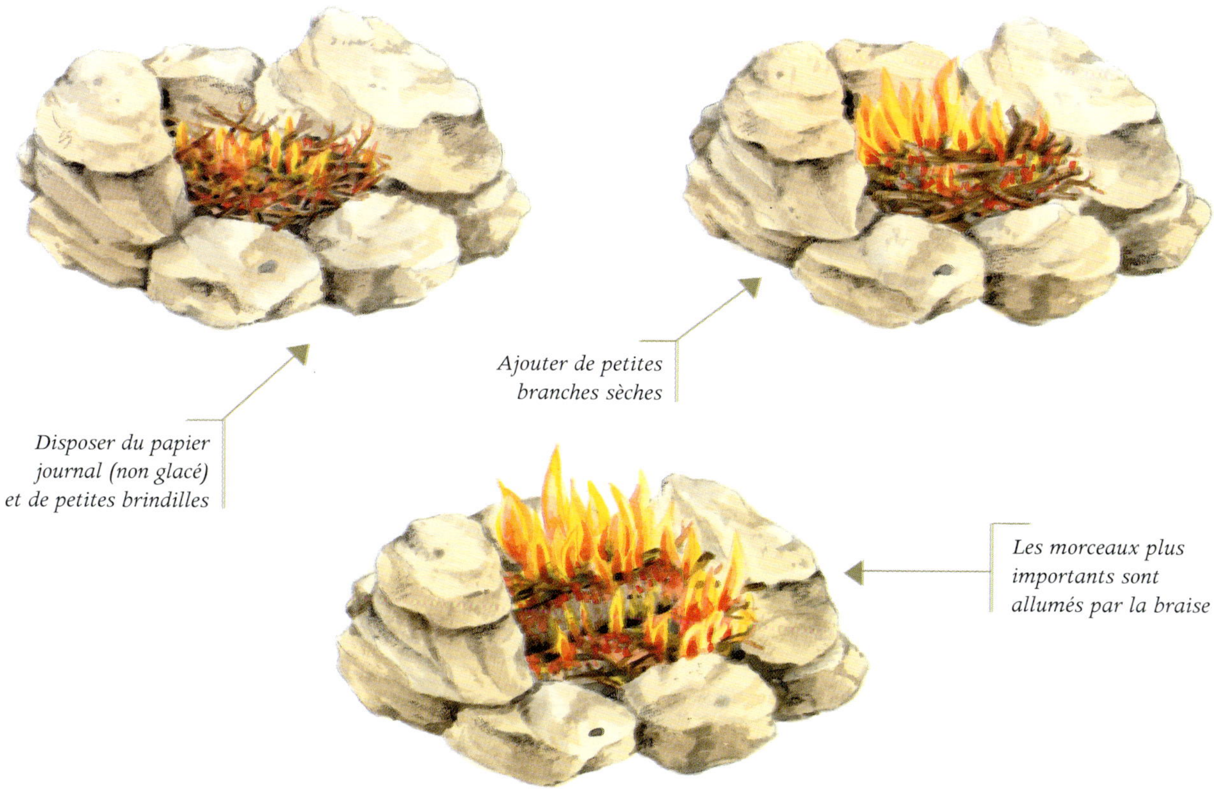

LES RONCES OU MÛRIER SAUVAGE

Rubus fruticosus

L'UTILITÉ DES RONCES

Les ronces sont courantes dans la plupart des forêts. Elles s'accrochent aux jambes, aux mains et aux vêtements dès que l'on sort des chemins tracés, et surtout si l'on tente de cueillir leurs fruits. Mais les mûres, petites baies noires sucrées, sont savoureuses. Les ronciers sont aussi de merveilleux abris pour les lapins, les passereaux, les petits rongeurs et une efficace protection pour le début de développement des jeunes pousses de chênes, de frênes et de châtaigniers.

Une jolie légende du Moyen Âge raconte que les ronces jouaient jadis les aubergistes pour les promeneurs. Mais elles firent crédit à tant de clients de passage qu'elles finirent par faire faillite, et se trouvèrent obligées de retenir les ingrats par leurs épines pour essayer de se faire payer.

PROPRIÉTÉS MÉDICINALES

Les propriétés bienfaisantes des feuilles et des fruits du mûrier sauvage sont connues depuis l'Antiquité. Les feuilles des ronces, au printemps surtout, sont très riches en tanins et en vitamine C. En usage interne, elles s'emploient en décoction (5 grammes de feuilles séchées dans un litre d'eau) pour traiter les diarrhées. Le sirop de mûres étendu d'eau est une boisson rafraîchissante, qui soulage les pharyngites et les angines banales des enfants. En usage externe, on peut utiliser une décoction à 10 p. 100 en compresse sur des plaies et des ulcères, ainsi qu'en gargarisme pour les angines, pharyngites, stomatites, gingivites et aphtes.

UN FRUIT FRAGILE

Il est préférable de consommer les mûres le jour même de la cueillette. Il ne faut en tout cas pas les conserver plus d'une nuit, disposées à plat sur un linge sec, dans le compartiment inférieur du réfrigérateur. Elles ne supportent pas la congélation.

DES DESSERTS RAFFINÉS

Le goût et l'aspect des mûres se marient parfaitement au fromage blanc, aux yaourts, aux salades de fruits variés et aux crèmes glacées.

RECETTES

Des astuces gourmandes

Vinaigre de mûres

Mélanger 30 cl de vinaigre de vin rouge, 30 cl de vinaigre blanc et 30 cl d'un bon vin rouge. Y plonger 150 g de mûres bien noires, voire un peu gâtées. Laisser reposer à la cave pendant trois mois, dans un bocal de verre fermé hermétiquement, avant utilisation. Ce vinaigre apportera une subtile saveur de fruit aux assaisonnements.

Filet de sanglier aux mûres

Pour 4 personnes

- *600 g de filet de sanglier*
- *200 g de mûres*
- *1 gousse d'ail*
- *10 échalotes entières*
- *30 g de beurre*
- *5 cl d'eau*
- *Sel*

Faire d'abord sauter les filets entiers pendant 10 minutes. Puis ajouter les mûres au jus de cuisson et déglacer avec un peu d'eau. Faire bouillir et monter la sauce au beurre.

Découper en tranches fines et servir sur des assiettes chaudes avec des pommes de terre de Noirmoutier sautées, accompagnées des échalotes et de l'ail confits.

LE MUGUET

Convallaria maialis

Une beauté fatale

Symbole du mois de mai et du printemps, le muguet pousse en Europe, en Asie et en Amérique dans la plupart des sous-bois clairs. Une vieille tradition veut qu'on en offre quelques brins en guise de porte-bonheur le 1er mai. La cueillette du muguet sauvage ne suffisant pas à satisfaire cette énorme demande, il est cultivé industriellement dans l'Ouest de la France. Mais celui que l'on aura déniché soi-même n'en aura que plus de prix aux yeux de qui les recevra.

Cette plante parfumée, en apparence pure et innocente, est en réalité très toxique. L'aspect de ces clochettes à la beauté virginale n'inspire pas méfiance, au contraire, et cependant elles recèlent de redoutables poisons. Un simple brin, s'il est mâchonné, ou les émanations d'un bouquet dans une pièce close peuvent provoquer un malaise chez certains sujets au cœur fragile. Attention aux enfants en particulier : la consommation de l'eau d'un vase où baigne un bouquet de muguet peut avoir de graves conséquences.

Mieux et pire que la digitale

Toute la plante est toxique, y compris les fruits, de petites baies rouges beaucoup moins connues que les fleurs. Elle contient entre autres des glucosides voisins de la digitaline mais plus puissants.

La convalloside, comme la digitaline, est à la fois cardiotoxique et tonicardiaque. Elle ralentit et régularise le rythme du cœur, accroît l'efficacité des contractions et augmente la diurèse. C'est une question de doses strictes, et dispensées dans un temps limité. Employé empiriquement au XVIe siècle, le muguet n'est plus que rarement utilisé aujourd'hui malgré ses propriétés cardiotoniques, en raison même de sa toxicité.

Ses préparations requièrent de toute façon une prescription et une surveillance médicales rigoureuses. Il est absolument déconseillé de « bricoler » une quelconque tisane de muguet pour soulager le cœur d'un grand-père cardiaque qui respire difficilement. On court le risque de perdre prématurément une personne chère et de se retrouver devant une cour d'assises pour homicide, même s'il n'est pas intentionnel.

En condition de survie uniquement

Dans l'hypothèse, fort peu probable, où un cataclysme majeur bloquerait une population rurale au printemps, sans aucune possibilité de secours extérieur, il pourrait être justifié d'utiliser pour soulager les cardiaques une simple infusion de fleurs de muguet séchées (2 grammes pour 200 grammes d'eau bouillante), bien moins dangereuse que les préparations de la plante entière.

Aphrodisiaque et passeport pour l'au-delà

Au XVIIIe siècle galant, on a découvert au muguet des propriétés aphrodisiaques. Mais l'hécatombe consécutive à cette mode a vite calmé les espérances. Les séducteurs les plus entreprenants et les belles les plus exigeantes sont rapidement revenus à des stimulants moins aléatoires comme la laitue, le fenouil ou la sarriette.

LA FOUGÈRE GRAND-AIGLE

Pteridium aquilinum

Un aliment de base

Cette plante sauvage, très répandue en Europe dans les forêts de chênes et de pins, existe aussi en Asie et en Amérique non tropicales. La fougère est avant tout un rhizome touffu sur lequel pousse des feuilles au long pétiole. Elle atteint souvent 1,50 mètre de hauteur. Elle doit son nom de « grand-aigle » au fait que la coupe nette d'une tige fait apparaître un dessin qui évoque grossièrement un aigle à deux têtes.

Toutes les civilisations préhistoriques ont connu et utilisé les fougères comme aliment. Les jeunes pousses ou « crosses », très appréciées au Japon où on les mange crues, doivent être récoltées avant qu'elles ne se soient déroulées, pour être tendres et sans amertume. Les fougères que l'on destine à l'usage alimentaire ne doivent surtout pas avoir la moindre feuille déployée. La récolte des crosses se fait au printemps (avril et mai), en les cassant au ras du sol. Attention, le jus de la fougère tache les vêtements et les mains. On récolte les rhizomes en automne, en les déterrant.

La plupart des peuples « fougérivores » les broient et les transforment en farine pour en faire du pain (après un long lavage). Comparé à du pain de froment « à la française », c'est évidemment un aliment de survie.

La fougère mâle

Dryopteris filix-mas est une autre espèce de fougère, assez répandue et connue depuis l'Antiquité. Elle est plus petite que la fougère grand-aigle. Son rhizome a été autrefois très utilisé comme vermifuge, spécialement anti-taenia. Ce remède est aujourd'hui totalement abandonné en raison de sa toxicité. La fougère grand-aigle contient elle aussi des produits amers et vermifuges, bien qu'en quantité beaucoup plus faible. C'est pourquoi son usage alimentaire nécessite toujours des lavages prolongés et des cuissons à plusieurs eaux.

Une tradition normande

Tous les parents redoutent que leur progéniture soit malingre et chétive. Les Normands prétendent qu'on donne toutes les chances à un nouveau-né de devenir un athlète en le faisant coucher sur une paillasse de fougères sèches. Les feuilles de fougère destinées à devenir des « bourre-matelas » doivent être cueillies en automne, par temps sec.

Des astuces gourmandes

Purée de rhizomes

Laver les racines et les couper en petits morceaux. Faire bouillir dans un grand volume d'eau en la changeant deux fois. Passer enfin les racines à la moulinette ou au mixer. À consommer en purée chaude.

Une délicieuse omelette

Faire bouillir pendant 20 minutes des crosses de fougères en changeant l'eau deux fois. Les ajouter à des œufs battus en omelette. Ajouter une cuillère à café de rhum et faire cuire l'omelette de façon à ce qu'elle reste « baveuse ».

Fausses asperges

Récolter de jeunes pousses de fougères (crosses), les laver et en couper l'extrémité. En faire des bottes liées par un fil de coton. Les immerger dans de l'eau bouillante salée. Laisser cuire 25 à 30 minutes en changeant l'eau deux fois. Arrêter la cuisson quand les tiges sont devenues tendres. Servir chaud avec une sauce hollandaise, ou froid, avec une vinaigrette, comme des asperges.

LES MYRTILLES

Vaccinium myrtillus

• Pour la gourmandise et la santé

Cet arbrisseau aux branches rampantes est très répandu dans toute l'Europe et particulièrement fréquent dans les sous-bois de conifères et les landes. Il existe en réalité plusieurs espèces voisines. Le fruit de *Vaccinium myrtillus*, l'airelle, est une baie bleue foncée très utilisée en cuisine, surtout en Europe centrale et dans les pays nordiques, notamment comme accompagnement du gros gibier (sanglier, chevreuil, cerf). Selon les différentes espèces de *Vaccinium* (*myrtillus*, *arctostaphylos*, *macrocarpon*, *microcarpon*, *oxycoccus*, *uliginosum* ou *vitis-idea*) le jus contenu dans les fruits peut varier d'aspect et être rouge, bleu, ou blanc. Il a cependant toujours les mêmes propriétés.

Mais la myrtille est aussi une plante médicinale d'autant plus intéressante que ses fruits, particulièrement savoureux, ont de multiples propriétés sans présenter la moindre toxicité. Elle renferme des sucres, des tanins, des acides (citrique, malique, quinique en particulier), des vitamines A et C, une matière colorante, la myrtilline, etc. Les feuilles contiennent aussi des tanins et de l'acide quinique.

• La myrtillothérapie

L'airelle est longtemps restée un vulnéraire astringent mineur. Mais, ayant acquis ses lettres de noblesse à la fin du XIXe siècle, elle est maintenant considérée comme une aide efficace dans la prévention et la stabilisation des dégénérescences circulatoires ainsi qu'un excellent astringent antiseptique grâce à ses bactéricides, actifs sur les entérobactéries. En clair, elle est à conseiller dans tous les cas d'artériopathies, dans les diarrhées et la colibacillose. On peut consommer le suc frais des baies en les écrasant, au mortier ou au mixer, ou en faire une décoction (100 grammes de baies sèches dans un litre d'eau) dont on boira cinq à six tasses par jour. Suc frais et décoction sont utilisables en application externe sur les dermatoses, les plaies superficielles et les brûlures.

En gargarismes et bains de bouche, ils soulagent les angines, le muguet, les aphtes et l'inflammation des gencives. Une décoction de 30 g de feuilles sèches pour un litre d'eau donnent un bon désinfectant des voies urinaires. Son acide quinique en fait aussi un fébrifuge. En raison de leur teneur en vitamine A, les myrtilles peuvent améliorer la vision nocturne ; l'US Air Force les a jadis utilisées dans ce but. La consommation de carottes permet d'obtenir un effet comparable.

Thanksgiving, merci les Commanches !

Cette fête traditionnelle américaine se perpétue pour remercier les Indiens d'avoir aidé les pionniers anglais à endurer leur premier hiver. La coutume veut qu'on y consomme la « cranberry sauce » en accompagnement d'un plat de sarrasin cuit à l'eau. Écraser le contenu de cinq tasses de myrtilles ou de canneberges dans une casserole en Inox et y ajouter deux tasses d'eau. Faire bouillir 30 minutes à feu doux. Ajouter une tasse de miel. Saler légèrement et faire bouillir encore 2 à 3 minutes. Servir cette sauce acide et sucrée avec des céréales cuites, blé, maïs, épeautre, millet, ou même avec du riz.

LE NOISETIER OU COUDRIER

***"Quand arrive la Chandeleur** (2 février)*
le coudrier est en fleurs."

• Les saisons du noisetier

Le noisetier, l'arbuste le plus répandu des bois et des boqueteaux de France, peut atteindre cinq mètres. Fleurissant avant la fin de l'hiver, c'est une aubaine pour les abeilles. Ses chatons pendants jaune clair, ou « queues de mouton », sont les fleurs mâles. Les feuilles n'apparaissent qu'en avril et les noisettes se forment à la Saint-Philibert (le 22 août) mais ne se récoltent qu'en septembre. L'écorce doit être prélevée en mars, au canif, uniquement sur de petites surfaces pour ne pas abîmer l'arbre. Les chatons seront cueillis de janvier à mars, avant qu'ils ne brunissent, et les feuilles de mai à août.

• Tout est bon dans le noisetier

Contrairement à d'autres végétaux cependant bénéfiques, le noisetier ne comporte aucun élément toxique. L'infusion de feuilles est recommandée en gargarismes pour calmer les angines. Elle est aussi employée contre les troubles circulatoires veineux (varices, jambes lourdes, hémorroïdes).
Une décoction d'écorce se montre tonifiante pour la peau en applications locales, par exemple en compresses appliquées sur le visage.
La tisane de chatons est un draineur doucement diurétique qui complète les effets du régime dans les cures d'amaigrissement.

Un masque de beauté

▶ Passer au mixeur des feuilles de noisetier, des amandes de noisettes et de l'huile d'olive jusqu'à l'obtention d'une pâte consistante. L'appliquer sur le visage et la garder une heure. Ce masque, relaxant et désincrustant, permet aussi de prévenir les rides.

• La baguette des sourciers

La baguette des sourciers est toujours taillée dans une branche fourchue de coudrier, en forme de Y. On saisit chaque branche de l'Y entre le pouce et l'index de chaque main. Maintenue à l'horizontale, la queue de l'Y pique vers le sol lorsque le chemin du sourcier croise une source d'eau. Cette petite baguette permet aussi bien de détecter une nappe souterraine et naturelle que de localiser une canalisation dans un sous-sol urbain. À essayer...

Un conte de fées

Une jolie légende veut que la nuit de Noël, sur chaque noisetier de la forêt, une branche se change en or. Si on la cueille sans la regarder, ce qui n'est pas facile, mais le jeu en vaut la chandelle, cette baguette aura les mêmes pouvoirs que la baguette magique des fées. À nous les miracles, à condition de se priver de réveillon…

La horchata espagnole

Cette boisson nutritive et bienfaisante se prépare très simplement : broyer finement et mouliner une dizaine de noisettes puis les ajouter à un grand verre de lait glacé.

Pour rivaliser avec les écureuils : la liqueur de noisettes

Les noisettes sont la grande préoccupation des écureuils, qui s'activent dès la fin de l'été à les transporter d'arbre en arbre jusqu'à leurs tanières où ils en font des réserves pour l'hiver.

Mais elles peuvent aussi se transformer en une délicieuse liqueur. Pour préparer ce nectar fruité et sucré, passer quarante amandes de noisettes au mixer. Verser cette pâte dans un litre d'eau-de-vie et ajouter un demi bâton de cannelle. Laisser macérer pendant quinze jours dans un endroit frais. Filtrer et incorporer enfin un sirop composé de 400 g de sucre et d'un demi-litre d'eau.

Le lycène, l'un des innombrables papillons diurnes.

LA CHASSE AUX PAPILLONS

À CHAQUE SAISON, SES PAPILLONS

Dès le printemps, de fin mars à juin, on peut récolter des piérides, le flambé et la superbe proserpine. Mais la grande saison demeure l'été. En juillet, août et début septembre, on chassera le grand porte-queue, le splendide jason, les colias, le souci orangé, le solitaire, le candide, le morio, le vulcain, le paon de jour et la grande-tortue aussi bien que la belle-dame, le grand nacré, le palès, le sombre actéon, les grands satyres, les érèbes, le comma et le grand-nègre. Ces noms pittoresques traduisent bien l'admiration des hommes pour ces êtres étranges qui virevoltent dans les sous-bois, dans les prés ou autour des lampes, le soir à la veillée.

Certaines espèces comme les hibernia et les bistons volent encore en hiver, quand il gèle.

MATÉRIEL DE CAPTURE

Pour les débutants, un petit filet en mousseline de nylon de 20 à 30 cm de diamètre suffira. On en trouve au rayon jouets de bien des magasins. Les collectionneurs confirmés utiliseront un filet plus large (40 cm), en tulle noir, pliant et avec manche démontable qu'ils trouveront dans des boutiques spécialisées. Il faut compléter par quelques flacons à très large ouverture contenant un plâtre anesthésiant que l'on trouve dans les magasins spécialisés. À manipuler cependant avec précautions, étant donné la toxicité du produit.

Doigté et délicatesse

Les papillons (ou lépidoptères) sont à juste titre considérés comme les plus beaux des animaux. Mais ils sont beaucoup plus délicats que les coléoptères. Leur glane et surtout leur préparation nécessitent beaucoup plus de précautions que celles de tout autre insecte.
Les papillons ne se ramassent pas en masse comme des coléoptères, que l'on trouve parfois par dix ou vingt dans la poche du filet fauchoir ayant balayé le haut des herbes. Les papillons ne se chassent qu'un à un. Leur tête est munie d'une trompe qui leur sert à la récolte du nectar des fleurs. Cet organe suceur, tubulaire, enroulé et d'un extraordinaire raffinement, est particulièrement fragile.

Tout est dans le coup de poignet

Le problème n'est pas tant la difficulté d'attraper les papillons mais d'éviter que, lorsqu'ils se débattent, leurs ailes ne perdent leurs écailles. Un papillon sans écailles, c'est comme un oiseau sans plumes. Il faut donc acquérir un certain tour de main.
Quand le papillon est entré dans le filet, le chasseur imprime à la poche un mouvement tournant pour que le tissu, en se repliant sur lui-même, immobilise le papillon dans la partie la plus étroite. Il sort alors prestement de sa sacoche un flacon à cyanure qu'il introduit dans la poche du filet pour y faire rentrer le papillon. Celui-ci s'immobilise en quelques secondes.

Des papillotes pour les papillons

Dès que le papillon est immobile dans son flacon, il faut l'en sortir, replier délicatement ses ailes et le glisser dans une sorte d'enveloppe triangulaire préparée à l'avance dans du papier cristal. Le chasseur remet ensuite la papillote contenant le lépidoptère dans le flacon et ne l'en sortira que plusieurs heures plus tard. Il est donc nécessaire de prévoir aussi dans son matériel une ou plusieurs boîtes à papillotes.

Turquoise, de la famille des zygènes.

Préparation

Les papillons sont beaucoup plus délicats à préparer, avant de les admettre dans les boîtes de collection, que les coléoptères.

Il faut d'abord commencer le soir même de la chasse à les disposer sur des planches à rainures où leur thorax sera fixé par une épingle et où leurs ailes seront immobilisées par des bandelettes de papier cristal, elles-mêmes maintenues par des épingles. On les laissera ensuite sécher de quinze jours à un mois dans un local bien sec avant de les transférer dans les boîtes de collection vitrées. Il faut bien entendu prévoir les mêmes anti-prédateurs que pour les coléoptères, en particulier la créosote, que l'on trouve toute prête.

L'artisan de la soie

Dans ce monde lépidoptère, où la somptuosité des dessins et la richesse des couleurs ne peut qu'évoquer des parures de luxe, il était normal que ce soit à la chenille d'un papillon, le *Bombyx mori*, ou ver à soie, que la nature confie la fabrication de la soie.

Paon de jour.

Faire naître un papillon chez soi

Les papillons ne sont pas seulement extraordinaires par leur beauté et leur diversité, ils le sont aussi par leur façon de devenir adulte en se métamorphosant. Les œufs donnent des larves (chenilles) qui deviennent des nymphes (chrysalides) lesquelles donnent naissance aux papillons adultes (imago). Ramasser une chenille et l'installer dans une cage où l'air et la lumière peuvent pénétrer. Humidifier l'ambiance avec des cotons mouillés et disposer quelques feuilles de salade. En quelques jours la chenille va se transformer en chrysalide d'où sortira le papillon adulte.

❶

❷

❸

❹

1. Boîte d'élevage des chenilles.
2. Chenille se nourrissant d'une feuille.
3. Évolution de la chrysalide.
4. Imago ou papillon adulte.

LE NOYER
Juglans regia

• Une majesté royale

Originaire d'Asie occidentale et des Balkans, le noyer a été introduit en France au Moyen Âge. Cet arbre majestueux peut vivre quatre cents ans et atteindre trente mètres. Il est actuellement répandu dans toute la France, mais jamais en quantité, et moins fréquent dans le Nord. Le noyer se rencontre fréquemment sur les remblais car il a souvent été planté en bord de routes ; il est rare en forêt car il a besoin de lumière.

Il est apprécié pour ses noix, très employées en confiserie, pour le reboisement et surtout comme arbre d'ornement. Son bois, dense et résistant, est recherché en ébénisterie. Le Dauphiné et le Limousin sont particulièrement réputés pour la production des noix de consommation.

• Brou, cerneaux ou feuilles

Le fruit du noyer comprend une enveloppe charnue et verte (le brou) qui contient la noix proprement dite. Celle-ci est faite de deux coques qui protègent l'amande comestible ou cerneaux. C'est en pressant les cerneaux que l'on obtient de l'huile de noix. Les feuilles, composées de sept à neuf folioles, ont des propriétés médicinales de même que les cerneaux ou le brou.

PRÉCAUTIONS

Attention, les noyers apparemment orphelins, en bordure de champ et de chemin, ont tous des parents ! Personne ne fera de remarque désobligeante à un amateur de glane qui met quelques noix dans ses poches pour le casse-croûte ou le goûter. Mais le propriétaire de l'arbre risque de réagir vivement en présence d'un chapardeur qui gaule ses noix et en remplit plusieurs paniers ou des sacs entiers.

Des astuces gourmandes et médicinales

Beurre de noix... meilleur pour le cholestérol

Broyer des cerneaux légèrement grillés dans un mortier ou un mixer. On obtient un délicieux beurre végétal, utilisable en tartines.

Infusion de feuilles de noyer

Faire infuser des feuilles sèches dans un litre d'eau bouillante. Cette boisson aromatique, tonique et astringente, est recommandée contre les diarrhées.

Liqueur de noix

Pour 2 litres d'eau-de-vie

- *250 g de cerneaux*
- *1 pincée de cannelle broyée*
- *4 c. à soupe de sirop de sucre ou de miel*

Passer les cerneaux au mixer et les faire macérer pendant deux semaines dans un bocal avec l'eau-de-vie et la cannelle broyée. Passer sur une étamine pour bien exprimer la partie solide. Ajouter le sirop de sucre ou le miel. Conserver trois mois à l'abri de la lumière avant de consommer, modérément, bien entendu !

Un emplâtre apaisant

Pour soulager engelures, brûlures, petites plaies et inflammations de la peau des pieds, appliquer un emplâtre fait de brou et de feuilles broyés et mélangés à de l'huile de noix ou d'olive.

LES POMMES DE PIN

Pinus sylvestris

L'ARBRE DES BRONCHES ET DES POUMONS

Le pin sylvestre, grand arbre résineux qui peut atteindre quarante mètres de haut, est originaire du Midi mais il a conquis presque tous les peuplements forestiers de la France.

Les promeneurs glaneurs cueilleront les bourgeons dès le mois de janvier et ramasseront les pommes et les aiguilles du pin tout au long de l'année. Les préparations à base de pin contiennent de la térébenthine, puissante médication de l'appareil respiratoire. Elle fluidifie les sécrétions de la trachée et des bronches, les désinfecte et facilite leur expectoration. Elle est efficace dans le traitement des bronchites aiguës ou chroniques, de la pneumonie et de la pleurésie.

Un lit d'aiguilles de pin, répandues sur les braises avant d'y installer une viande, parfumera délicieusement les grillades. Les pommes peuvent bien entendu servir à allumer un feu de cheminée ou être utilisées en objets décoratifs. Naturelles, ou peintes à la bombe de toutes les couleurs, y compris l'or et l'argent, elles orneront la maison, la table des jours de fête et l'arbre de Noël.

PRÉCAUTIONS

Attention aux doses ! L'usage interne des produits tels que ceux tirés du pin, contenant de la térébenthine, doit se faire avec prudence. À doses excessives, ils peuvent irriter l'estomac et les voies urinaires, et même provoquer des troubles nerveux chez les sujets sensibles.

LES BAUMES

La térébenthine est partie active des baumes destinés à calmer les sciatiques, les névralgies et les rhumatismes. Il est conseillé de les appliquer avec modération car la peau absorbe très facilement l'essence, d'où un risque d'intoxication.

LE GOUDRON DE BOIS DE PIN

Appelé le plus souvent « goudron végétal », c'est un bon balsamique en usage interne. En usage externe, il s'emploie sous surveillance médicale contre certaines maladies de peau entraînant des démangeaisons (prurigo et psoriasis).

Les préparations
à base de pin soulagent
de multiples maux.

RECETTES

Une préparation médicinale

L'infusion de bourgeons

Récoltés sur les pins sylvestres, en mars ou avril, les bourgeons permettent de préparer une délicieuse infusion. Mettre de 20 à 30 g de bourgeons dans un litre d'eau bouillante. Laisser infuser deux heures et en boire 1/2 litre par jour, en trois ou quatre prises. Cette infusion apaise les bronchites chroniques, les inflammations urinaires, la lithiase biliaire, les rhumatismes et la grippe. En usage externe, elle s'applique en lotion sur les dermatoses infectées, les plaies et les ulcères.

Des pommes de pin multicolores :
une façon d'agrémenter un décor de table
ou le sapin de Noël.

LE POMMIER SAUVAGE

Malus sylvestris

UN GOÛT ACIDULÉ

Cet arbre de petite taille, à l'écorce brun roussâtre, est répandu dans toute l'Europe et l'Asie. Ses fleurs, blanches ou rosées, apparaissent en mai. La pomme sauvage est petite et acide, verte au début puis jaune à maturité. Notons que son acidité diminue beaucoup quand elle a subi sur l'arbre une ou plusieurs gelées.

La pomme sauvage, riche en pectine, est un excellent antidiarrhéique, très utilisé en raison de son absence d'effets secondaires. En pédiatrie en particulier, on la préfère à juste titre aux antibiotiques pour soulager les diarrhées du nourrisson. Pour soigner la diarrhée de Bébé, préparer une compote de pommes sauvages juste mûres et de coings, sucrée d'un poids égal de miel ; en donner trois à quatre cuillères à soupe dans la journée.

UNE SAVOUREUSE SALADE

Ajouter des pétales de fleurs de pommier bien épanouies à une salade de mâche assaisonnée à l'huile de noix et au vinaigre de cidre. Servi avec des croûtons, le plat sera encore plus délicieux.

RECETTES

Des astuces gourmandes

Pudding de malus au torchon

- *200 g de farine*
- *100 g de beurre*
- *1 œuf*
- *2 ou 3 pommes*
- *Lard fumé*
- *Farine*
- *Sel et poivre*

Faire une pâte brisée avec la farine, le beurre et l'œuf entier. Abaisser la pâte en un long rectangle assez fin. Couvrir sa surface de minces fragments de pommes sauvages épluchées. Saler et poivrer. Recouvrir de lard fumé coupé en tranches très fines et rouler le tout. Envelopper ce rouleau dans un torchon bien fariné. Fermer les extrémités avec des ligatures en fil de coton. Faire cuire à la vapeur pendant une heure et demie. Retirer ensuite le torchon et couper le pudding en tranches copieuses. Servir avec de la confiture de myrtilles... British, mais bon quand même.

La gelée de pommes

Le fruit acide du pommier sauvage (ou malus) peut devenir particulièrement doux sous forme de gelée. Éplucher et couper les pommes puis les passer au mixer. Y ajouter le même poids de sucre ou de miel, le jus d'un citron et un filet de rhum. Cuire à feu assez vif en tournant constamment. Arrêter le feu trois minutes après le début de l'ébullition. Verser aussitôt dans des pots à confitures.

Les pommes-pickles

Cueillir les pommes sauvages avant les gelées, alors qu'elles sont encore très acides. Les équeuter, les couper en morceaux, les mettre dans un bocal et les recouvrir de gros sel. Laisser reposer un mois. Laver à l'eau puis laisser sécher pendant cinq heures. Les remettre alors dans un bocal, en les tassant bien et en intercalant des aromates et des épices (laurier, thym, poivre, romarin, sarriette, sauge...). Recouvrir le tout d'un bon vinaigre de vin et attendre un mois avant de consommer, comme les pickles habituels.

Le cidre des Vikings

Écraser des pommes sauvages que l'on aura eu soin de cueillir en partie avant et en partie après les gelées. Presser le broyat pour en extraire le jus. Filtrer. Laisser fermenter puis reposer. Servir avec du calvados (de 25 à 50 p. 100)... mais il faut un atavisme de Viking pour y résister.

FAISAN DE COLCHIDE

CHOUETTE CHEVÈCHE

LES PLUMES D'OISEAUX

Portrait d'un oiseau

La plupart des plumes trouvées dans la nature proviennent de la mue. Ce phénomène, qui se produit une ou deux fois par an, permet à l'oiseau de conserver un plumage toujours en bon état. Leur croissance terminée, les plumes deviennent des structures mortes, et tombent. La mue est aussi l'occasion des changements de coloration, et notamment de l'acquisition du plumage nuptial des mâles. Une plume comprend une tige centrale, creuse à la base (le « tuyau »), et pleine là où elle porte les « barbes » qui lui donnent sa forme. Les couleurs des plumes ont une double origine : certaines sont dues à des pigments (rouge, jaune, noir, brun, orange, violet), d'autres proviennent d'irisations dues à la structure des barbes, comme les plumes bleues du cou des pigeons. Les rémiges et les rectrices sont les plumes les plus importantes et les plus caractéristiques des espèces. Elles font l'objet de collections. Le duvet de certaines espèces sauvages (eider) est utilisé comme super-isolant thermique pour des vêtements spéciaux et les duvets de camping.

Code de bonne conduite

➤ La collection ne peut se faire qu'avec des spécimens isolés ou récoltés sur des cadavres d'oiseaux trouvés dans la nature. Ne jamais tuer un oiseau pour compléter une collection.

➤ S'abstenir de toute action susceptible de déranger les oiseaux et en particulier de toucher leurs nids. Ne pas s'approcher des oiseaux migrateurs au repos.

➤ Tenir les chiens en laisse.

➤ Ne pas traverser un champ, un bois ou une prairie sans l'autorisation du propriétaire. Ni abîmer les clôtures, les murs et les haies.

➤ Ne laisser aucun déchet dans la nature. Respecter les plantes et les autres animaux sauvages.

Dessine-moi une plume

On distingue chez un même oiseau les plumes de couverture qui recouvrent le corps (tectrices), les rémiges (grandes plumes de l'aile), les rectrices (plumes de la queue), le duvet et les filoplumes, ressemblant à des poils et que l'on observe à la base du bec des rapaces diurnes.

GOÉLAND ARGENTÉ

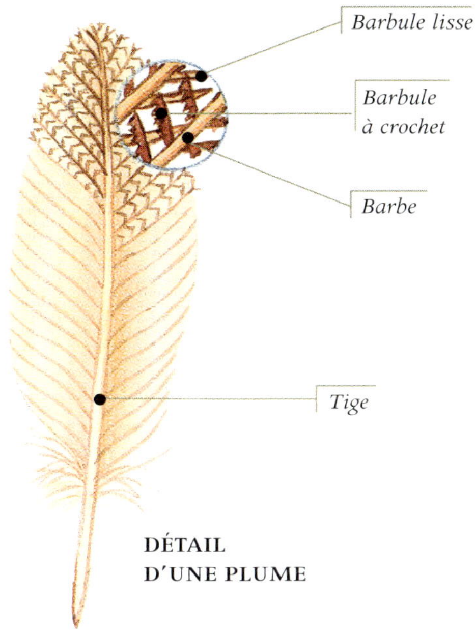

DÉTAIL D'UNE PLUME

GEAI

COMBIEN DE PLUMES PORTE UN OISEAU

La quantité varie énormément d'une espèce à l'autre. Quelques exemples : le colibri en porte 940, la tourterelle 4 000, le canard colvert 11 900, et le cygne plus de 25 000.

MATÉRIEL NÉCESSAIRE

- Des enveloppes en papier de différentes dimensions (surtout pas de plastique imperméable).
- Un triple décimètre.
- Des feuilles de bristol.
- De grandes enveloppes pour grouper les feuilles de collection.
- Des boîtes en carton pour grouper les enveloppes.
- Du papier encollé (pas de ruban adhésif) pour fixer les plumes sur les feuilles de bristol.
- Du paradichlorobenzène.

CONSERVATION ET COLLECTION

Si les plumes sont maculées de terre, il suffit de les laver à l'eau tiède additionnée d'un peu de lessive. Lorsqu'elles sont souillées de pétrole (cas malheureusement fréquent sur le littoral), elles devront être lavées au shampooing et bien rincées. Dans tous les cas, il est indispensable que les plumes soient sèches avant de les incorporer dans la collection.

Elles seront d'abord mesurées puis fixées sur une feuille de bristol par du papier encollé. Sur ce bristol seront portées les indispensables indications de date et lieu de récolte et l'identification de l'oiseau, si le collectionneur en a la certitude immédiate. Le nom de l'espèce ne sera bien souvent défini que plus tard, grâce aux illustrations consultées dans des livres spécialisés.

Les feuilles de bristol seront regroupées dans de grandes enveloppes contenant des comprimés de paradichlorobenzène, elles-mêmes rassemblées dans des boîtes en carton. La collection sera entreposée dans un endroit sec, et les boîtes seront ouvertes de temps en temps pour les aérer et vérifier l'état de conservation des plumes.

LE PRUNELLIER

Prunus spinosa

• Un abord difficile

Cet arbuste très épineux, au bois noir et aux fleurs blanches, ne dépasse pas quatre mètres. Communs dans les buissons, les haies et les lisières forestières, les prunelliers forment souvent des fourrés impénétrables, ce qui ne facilite pas la cueillette de leurs fruits, les prunelles. Ces baies noir bleuté sont particulièrement âcres tant qu'elles n'ont pas été améliorées par les gelées.

Les fleurs apparaissent en mars-avril, avant les feuilles. Les feuilles et les fleurs sont utilisées après séchage. Elles sont diurétiques et laxatives. Les prunelles, riches en vitamine C, sont fortifiantes et préventives de la grippe, ce qui est particulièrement bien venu à l'entrée de l'hiver.

Le prunellier pose aux glaneurs un double problème. Ses épines imposent le port de gants, et l'intérêt que les oiseaux portent aux prunelles fait que la période de récolte est très courte. Cueillies trop tôt, elles sont trop âcres, et aussitôt après la gelée, quand elles sont devenues douces, la ruée des oiseaux les font disparaître en quelques jours.

• Une tisane diurétique

Mettre deux cuillères à café de fleurs sèches dans une tasse d'eau chaude. En prendre deux à trois tasses par jour.

RECETTES

Des astuces gourmandes

Compote de prunelles

Récolter 500 g de prunelles après les premières gelées. Les mettre dans une casserole avec 1/4 de litre de vin blanc, 150 g de sucre, 2 tasses d'eau, 1 bâton de cannelle, un zeste de citron (non traité) et une pincée de sel. Faire cuire le tout à feu doux. Lorsque le liquide a presque disparu, passer à la moulinette. Servir tiède avec de la crème fraîche.

Vin de prunelles

Récolter 10 kg de prunelles très mûres (si les oiseaux en ont laissé) après plusieurs gelées. Écraser les fruits avec les noyaux. Ajouter un bol d'eau chaude. Mélanger et laisser fermenter. Exprimer le jus à travers un linge. Verser dans un tonneau et ajouter 50 litres d'eau, 5 kg de sucre et 3 g de tanin. Ne mettre en bouteilles qu'au bout d'un mois.

Ratafia de prunelles

Écraser au mortier ou au mixer 500 g de prunelles récoltées après la gelée. Ajouter 200 g de sucre et laisser reposer une journée et une nuit. Décanter le jus et y ajouter une quantité égale d'eau-de-vie de fruits. Mettre en bouteilles. Attendre trois mois avant de consommer… avec modération.

Prunelles au vinaigre

Cueillir les prunelles avant les gelées. Les piquer à la fourchette puis les laisser macérer quatre à cinq jours dans une solution saturée de sel. Égoutter, laver à l'eau et laisser sécher. Mettre en bocaux en intercalant des herbes aromatiques et des épices. Recouvrir de vinaigre de vin. Attendre un mois avant de consommer.

« Umebosis »... Comme au Japon

Cueillir les prunelles avant les gelées. Les laver et en remplir des bocaux. Compléter avec une saumure à 30 p. 100. Les laisser ainsi pendant un mois subir les effets de la lacto-fermentation. Les utiliser en condiments, à consommer comme des olives, ou les dénoyauter pour les ajouter à des sauces de salades. Il est possible de modifier l'arôme obtenu en mettant dans les bocaux de la sauge, du thym, du poivre, du laurier, du piment, du romarin, du curry, du paprika ou de l'origan... au choix.

Sauce de salade aux prunelles

Après lacto-fermentation avec aromates, dénoyauter des prunelles. Broyer la pulpe, mélanger à du yaourt et y ajouter de l'huile d'olive vierge.

LE SUREAU

Sambucus nigra

L'antidote des désagréments de l'hiver

Cet arbuste très commun, sans aucune noblesse d'allure, pousse de préférence dans les endroits les moins prestigieux, les boqueteaux, les fourrés et les décharges d'ordures. Un peu comme les orties, il suit l'homme à la trace depuis toujours. Arbre magique et paradoxal, protecteur et parfois malfaisant, le sureau est l'un des simples de la Saint-Jean. C'est aussi l'arbre de Judas, le bois du démon, dont les sorcières faisaient de redoutables bâtons magiques. Il est pourtant connu pour ses multiples vertus thérapeutiques depuis l'âge de pierre et abondamment conseillé par Hippocrate et Dioscoride. Il est resté en usage dans la pharmacopée occidentale jusqu'à ce que la chimie submerge la médecine, au milieu du XXe siècle.

La grippe arrive...

Une infusion de fleurs de sureau s'impose. Leurs huiles essentielles en font un efficace préventif et curatif des infections respiratoires grippales. Elles sont sudorifiques, diurétiques et fébrifuges... sans aucun effet secondaire.

Couper des fleurs à l'aide de ciseaux au début de la floraison et les laisser bien sécher sur une claie. Faire infuser 20 grammes de fleurs sèches dans un litre d'eau. En boire trois tasses par jour.

Un concentré de fleurs sur la peau

Une décoction concentrée de fleurs sèches (compter 100 grammes par litre), appliquée en lotion ou en compresses, calme l'irritation et la douleur des dermatoses inflammatoires et des brûlures. Ce traite-

PRATIQUE

Un petit vin blanc salutaire

Recueillir 10 g d'écorce interne sur des rameaux coupés (c'est-à-dire la couche qui se trouve sous l'écorce superficielle). Faire macérer pendant 48 heures dans un litre de vin blanc. On prépare ainsi un vin médicinal laxatif, diurétique et sédatif, efficace contre les ascites, les œdèmes, les néphrites chroniques et les rhumatismes. Il suffit d'en boire trois verres par jour. Une décoction de 20 à 30 g d'écorce pour 1/2 l de lait, absorbée à jeun en trois ou quatre prises, est de surcroît très analgésique en cas de névralgies, de sciatique et de douleurs dentaires.

Sureau hièbre.

ment est aussi efficace, sinon plus, et en tout cas bien plus poétique que l'ingestion d'un quelconque phényl-éthyl-butyl-salicylate de tyramoxine, ravageur du tube digestif.

Pour le mal de dos

Des feuilles et de jeunes pousses broyées au mixer, en application externe et en massage, soulagent ces douleurs si courantes. Le traitement est encore plus efficace lorsque le patient absorbe parallèlement trois à cinq tasses par jour d'une décoction de feuilles à 30 grammes par litre.

Le summum : les fruits

Ils contiennent des acides aminés, du glucose et de la vitamine C en abondance. Séchés, ils peuvent être incorporés à des sorbets ou à des pâtisseries.

Un insecticide non polluant

La décoction concentrée de feuilles de sureau constitue un insecticide polyvalent, auquel les moustiques et autres désagréments de la nature, habitués aux produits chimiques, se montrent très sensibles. Faire macérer 1 kg de feuilles dans 5 litres d'eau pendant 12 heures et pulvériser.

LE TILLEUL
Tilia cordata

Apaisement garanti

Ce grand arbre de trente à quarante mètres de haut, très commun en Europe dans les bois, les forêts claires et les taillis, existe aussi en Asie et en Amérique. Il est très fréquemment planté en essence ornementale dans les jardins publics et les cours d'écoles.

La fleur de tilleul est la partie la plus médicinale de l'arbre, mais ses vertus ne sont connues que depuis le XVIe siècle. Le jeune bois, appelé aussi aubier, est utilisé depuis le XVIIIe siècle comme un diurétique et un anti-urique puissant pour les rhumatismes, la goutte, l'urémie et l'albuminurie. Le bois lui-même n'a aucune propriété médicinale mais il est très apprécié par les graveurs.

RECETTES

Des astuces gourmandes et médicinales

L'infusion de fleurs

Les fleurs de tilleul sont à la base d'une tisane très populaire. Renfermant une essence au parfum suave, elles sont émollientes, antispasmodiques, sédatives, diurétiques, sudorifiques et antiscléreuses. Des millions d'humains souffrant de troubles nerveux, de migraines, de vertiges, de spasmes, d'insomnie et de grippe ont été ainsi soulagés. L'infusion de fleurs, récoltées par temps ensoleillé et séchées à l'ombre, est aussi indiquée dans l'artériosclérose, surtout en association avec l'aubépine. Pour l'infusion : mettre 20 g de fleurs sèches dans un litre d'eau bouillante.

La décoction de fleurs

Pour passer une bonne nuit après une journée stressante, on peut aussi préparer une décoction concentrée. Laisser macérer 500 g de fleurs sèches dans 10 litres d'eau chaude pendant 1/2 heure puis l'ajouter à l'eau d'un bain. Ces bains relaxants sont très efficaces. La décoction de fleurs sèches constitue également une excellente lotion calmante pour les peaux irritées par les ambiances polluées et les rayonnements nocifs, ceux du soleil en particulier.

Les bienfaits des feuilles

La richesse en mucilage des feuilles de tilleul en fait un excellent pansement, calmant les brûlures et les crises inflammatoires hémorroïdaires. Il suffit de préparer une décoction à 5 p. 100 et de l'appliquer en compresse. Une décoction moins forte, à 1 p. 100, est conseillée en usage interne contre les diarrhées et les gastro-entérites.

Les abeilles et le tilleul

Le tilleul et une excellente essence mellifère. Un seul arbre permet à une ruche de produire chaque année 10 kg d'un miel fluide, savoureux et doté d'une bonne partie des propriétés médicinales de la fleur.

Salades aux feuilles de tilleul

Pour personnaliser une salade de pissenlit et de mâche, on peut y ajouter des feuilles de tilleul et des cerneaux de noix. Assaisonner d'une vinaigrette à l'huile de noix.

Farine de feuilles

Pulvériser des feuilles séchées. Ajouter cette farine verte, très nutritive, à des farines de céréales pour en faire des galettes, des bouillies ou du pain. Cette recette a notamment été utilisée pendant la dernière guerre, en Europe Centrale.

La sève de tilleul

Si le prélèvement de l'écorce est susceptible de nuire gravement à la santé d'un arbre, la récolte de sève ne lui portera aucun préjudice. Il suffit de forer dans le tronc du tilleul un trou de 10 mm de diamètre et de 6 cm de profondeur. On y adapte un tube fait d'une branche de sureau évidée, auquel on suspend un godet en bois (c'est plus écolo) ou en plastique (c'est plus vite trouvé). La sève est une boisson rafraîchissante et nutritive, riche en oligo-éléments et en vitamines.

Les empreintes sont
une mine d'informations.
Ici : une trace de daim.

LE MOULAGE DES TRACES D'ANIMAUX

UNE PRÉSENCE DISCRÈTE

La nature fourmille d'animaux sauvages, qu'il est malheureusement très difficile d'observer en liberté. Leur odorat, bien plus puissant que le nôtre, et leur ouïe leur permettent de déceler notre approche bien avant que nous puissions les apercevoir, et de fuir notre présence. Mais ils y laissent des traces de leur vie et de leurs déplacements, les plus lourds marquant le sol avec leurs pattes, surtout quand il est meuble ou enneigé. La plupart des animaux laissent d'ailleurs d'autres témoignages de leur passage : nourritures entamées, excréments, pelotes de réjection des rapaces, mues des reptiles, poils des mammifères, plumes des oiseaux... Autant d'indices qui ont permis aux hommes de la Préhistoire de survivre grâce à la chasse, et que tous les chasseurs actuels connaissent bien.

Le promeneur curieux sera inévitablement tenté d'approfondir les renseignements que ces traces en général, et particulièrement les empreintes, peuvent lui apporter sur les hôtes de la forêt. Elles sont en effet une mine d'informations. Elles permettent de suivre une piste et de déterminer par exemple, selon la façon dont le sol a été marqué et leur écartement, si l'animal marchait, courrait ou sautait.

À défaut d'observer directement les animaux, on peut donc par le dessin, la photographie, et surtout le moulage, conserver ces précieuses empreintes pour les étudier tout à loisir chez soi.

RANGEMENT DE LA COLLECTION

Sur le négatif initial comme sur le positif, il est impératif de coller une étiquette mentionnant la date et le lieu où le moulage a été réalisé ainsi que l'identification, même provisoire, de l'animal. Les collectionneurs les rangent le plus souvent dans des boîtes à casiers permettant un classement zoologique : cerf, chevreuil, chamois, mouflon, sanglier, lapin, écureuil, mouette, goéland, pie, corbeau, etc. Il est aussi possible de les accrocher à un mur comme des tableaux. C'est très décoratif mais les moulages risquent ainsi davantage d'être brisés...

Le moulage effectué sur place donnera une empreinte « négative », en relief. Il faudra mouler ce premier résultat pour obtenir l'objet de collection.

Le matériel de moulage

- Du plâtre de Paris, bien sec et à l'abri de l'humidité, dans un sac en plastique étanche.
- De l'eau propre.
- Une petite cuvette en caoutchouc durci comme en utilisent les maçons.
- Une spatule en bois.
- Une brosse douce.
- Quatre petites planchettes.

La technique du moulage

Choisir de préférence des empreintes nettes, marquées dans une boue humide et assez ferme. Le sable donne de mauvais résultats car il adhère au plâtre, et la neige fond... Encadrer l'empreinte choisie par les quatre planchettes en les enfonçant légèrement dans le sol. Pour obtenir des moulages circulaires, on peut utiliser une vieille boîte de fromage, comme celle des camemberts, dont on aura supprimé le fond. Enlever toutes les brindilles et les feuilles mortes qui peuvent recouvrir partiellement l'empreinte. Préparer le mélange de plâtre et d'eau de façon à obtenir une bouillie assez fluide et la couler dans le cadre en bois entourant l'empreinte. Attendre de 15 à 20 minutes que le plâtre soit bien durci. Laver ensuite le moulage à l'eau en frottant doucement à la brosse.

Passer du négatif au positif

Le moulage ainsi obtenu est un négatif, les parties creuses apparaissant en relief. Il faut donc mouler à nouveau ce négatif pour obtenir une reproduction positive, c'est-à-dire à l'identique de l'empreinte originale, qui fera l'objet de la collection.
Pour ce second moulage, il est possible de procéder avec du plâtre, en prenant soin de graisser la surface à reproduire à la vaseline afin d'éviter que le positif adhère trop fortement au négatif. On peut aussi employer les pierres à modeler « Petra » et « Fides » ou les multiples matières plastiques durcissables à volonté vendues dans les magasins de fournitures pour arts plastiques. Pour peaufiner l'aspect esthétique, tous ces matériaux peuvent être teintés de façon à reproduire la couleur du sol qui portait l'empreinte.

LE SORBIER OU SORBIER DES OISEAUX

Sorbus aucuparia

• TONIFIANT ET ANTI-INFECTIEUX

Cet arbuste, ou arbre peu élevé (de quatre mètres au maximum), aux branches brunes, aux bouquets de minuscules fleurs blanches, est très répandu en Europe et en Asie dans les bois clairs, les lisières et les bosquets, en plaine et même en altitude.

Son fruit, la sorbe, est une baie rouge. Il est juteux, riche en vitamine C mais trop amer pour être mangé cru. C'est un diurétique, un laxatif doux et un tonifiant.

Pour soigner les gingivites, les angines, les aphtes et toutes les petites infections de la muqueuse buccale pouvant être le point de départ d'une affection plus sérieuse, mastiquer en permanence sans les avaler des sorbes bien mûres. La vitamine C qu'elles contiennent a une action locale anti-inflammatoire et anti-infectieuse.

RECETTES

Des astuces gourmandes et médicinales

L'infusion de sorbes

Récolter des sorbes bien mûres par un temps ensoleillé. Les faire sécher à l'ombre puis terminer au four à 50° maximum, porte ouverte. Préparer l'infusion avec 20 g de fruits séchés pour 200 ml d'eau. En prendre une cuillère à soupe trois à quatre fois par jour.

Compote de sorbes

Passer les sorbes à la moulinette et enlever les peaux et les pépins. Jeter cette pulpe avec du miel dans du beurre blondissant. Après quelques minutes de cuisson, ajouter du bon vin blanc doux à raison d'un verre de vin pour deux verres de compote. Laisser réduire à feu doux.

Muffins aux sorbes

- *250 g de sorbes*
- *400 g de farine*
- *200 g de son de blé*
- *2 c. à soupe de sucre en poudre*
- *1 c. à café de bicarbonate de soude*
- *1/2 l de yaourt*
- *1 œuf*
- *5 c. à soupe de miel*
- *100 g de beurre*

Mélanger dans un saladier la farine avec le son de blé, le sucre en poudre, une copieuse pincée de sel et le bicarbonate de soude.
Dans un autre récipient, passer au mixer le 1/2 litre de yaourt, l'œuf entier, le miel et le beurre fondu.
Mélanger les deux préparations et y ajouter les sorbes.
Confectionner des boules de pâte de la taille d'un œuf sur une plaque beurrée ou dans des moules spéciaux. Faire cuire à four chaud (thermostat 6-7) pendant 30 minutes pour que les muffins soient bien levés et dorés.

Confiture de sorbes

Écraser des fruits très mûrs, cueillis après les gelées. Mettre la pulpe ainsi obtenue dans une casserole avec une quantité égale de miel. Mélanger bien en chauffant. Verser dans des pots à confiture et couvrir de cellophane.

Le vin de sorbes ou sorbinette

Écraser des sorbes très mûres, si possible blettes, et les recouvrir d'eau. Malaxer le tout. Laisser fermenter. Quand le bouillonnement est terminé, filtrer sur un linge fin. Mettre en bouteilles du type « champagne » avec un bouchon de liège bien ligaturé. Conserver au frais trois mois.

LA VIOLETTE OU PENSÉE SAUVAGE

Viola tricolor

"La violette est l'une des plantes médicinales les plus anciennement connues. Hippocrate en vantait déjà les mérites."

UN JOLI DÉPURATIF DE PRINTEMPS

La pensée sauvage est très répandue dans la plupart des bois et forêts de France. C'est une petite plante pérenne dont les racines portent de longs rejets. Elle se prête particulièrement bien à la confection de petits bouquets, prétextes à des cadeaux agréablement parfumés et sans prétention. La fleur de violette est dépurative et efficace contre certaines dermatoses chroniques comme le psoriasis, l'acné et l'eczéma. Elle est aussi utilisée pour soigner les rhumatismes, la goutte, l'artériosclérose et l'insuffisance hépatique.

Quand fleurissent les épines blanches, nombre d'entre nous, lourdement chargés des toxiques accumulés en hiver... sans compter les pollutions respiratoires, auraient intérêt à faire une petite cure de quinze jours en mêlant tisane de fleurs et infusion de racines de violettes. Car la fleur a en outre des propriétés adoucissantes, antitussives et expectorantes. Elle sert à préparer d'excellents sirops qui combattent efficacement les affections respiratoires saisonnières comme les rhumes, bronchites et trachéites.

Les racines, purgatives, s'utilisent aussi en infusion. Mettre 60 grammes de la plante entière dans un litre d'eau bouillante ; laisser une demi-heure. En prendre trois tasses par jour.

UN BAUME SÉDATIF, ANTI-INFLAMMATOIRE ET PARFUMÉ

Tasser des fleurs fraîches dans un flacon et le remplir d'huile d'olive. Laisser à 20° environ pendant au moins une semaine. Excellent pour le massage des articulations douloureuses des rhumatisants et également recommandé pour calmer la réaction inflammatoire des brûlures. Cette action s'explique par la présence dans les fleurs de violette d'une huile essentielle contenant du salicylate de méthyle et de l'acide salicylique, anti-inflammatoires et anti-algiques bien connus.

RECETTES

Une astuce gourmande

Violettes à la Parmentier

Faire cuire dans du beurre 100 g de feuilles de violettes par personne. Passer au hachoir. Mélanger deux œufs avec un grand bol de purée de pommes de terre. Y ajouter 100 g de farine, du lait et du fromage râpé pour obtenir une pâte épaisse. Mélanger les feuilles à la pâte et mettre le tout dans un plat huilé. Saupoudrer de fromage râpé, de chapelure et de morceaux de beurre. Cuire au four environ 20 minutes, jusqu'à ce que le dessus soit gratiné.

• UN TILLEUL-VIOLETTE BIEN CHAUD !

Ajouter quelques fleurs de violettes sèches à du tilleul pour obtenir une infusion non seulement délicieuse, mais en outre dotée de propriétés sédatives et expectorantes. Cette boisson peut également se consommer glacée, en été.

• SALADE DE JEUNES FEUILLES

Les violettes n'ont nul besoin d'être mélangées à d'autres feuilles vertes, leur saveur très fine et très agréable se suffit à elle-même. L'assaisonnement peut être laissé au goût de chacun.

• PARFUMER ET DÉCORER LES DESSERTS

Un semis de fleurs de violettes parfume délicatement les crèmes au caramel, les glaces à la vanille et même les tartes aux pommes.

Pour décorer les pâtisseries, on peut confectionner des violettes cristallisées. Commencer par battre un œuf en neige assez fluide. Prendre les violettes une à une par la queue et recouvrir les fleurs de blanc d'œuf battu avec un pinceau fin. Les saupoudrer de sucre cristallisé. Disposer les violettes sur une plaque huilée et faire sécher dans un four réglé au minimum, porte ouverte.

La plaine

RAMASSER DES PIERRES

Les endroits favorables

On trouve des pierres dans tous les biotopes : bords de routes, champs labourés, sentiers de forêts... Mais les berges de ruisseau ou de rivière, les grèves littorales et les escarpements en montagne sont des endroits privilégiés, tout comme les tranchées faites pour la construction des routes ou des voies ferrées. On peut être tenté de prélever dans la nature une grande quantité de pierres, pour embellir son jardin en y construisant un muret par exemple. Même s'il s'agit de cailloux calcaires ou siliceux sans valeur, ils appartiennent au propriétaire du terrain. Il est donc indispensable de lui demander une autorisation.

Pour un apprentissage, il est conseillé de visiter les musées de minéralogie et de consulter des livres descriptifs. Ceux qui ont quelques notions de géologie et de chimie verront leur curiosité stimulée par la signification de chaque découverte, et leur petite collection s'étoffera rapidement au gré des sorties dominicales et des vacances. Elle sera classée par région, par phénomène géologique ou par composition chimique.

La chasse aux trésors

Cristaux de joaillerie ou pierres précieuses... les cailloux de grande valeur se rencontrent rarement au fil d'un promenade. Même dans les régions où ils existent en quantité, il faut traiter des tonnes de matériaux pour récolter quelques carats. Mais les histoires de découvertes miraculeuses trottent toujours dans les esprits.

Attention cependant : la glane des minéraux de grande valeur nécessite des autorisations. Les quantités que l'on peut récolter sont limitées et des contrôles sont effectués.

Le rangement et la conservation

Une petite collection se range dans des boîtes compartimentées. Une collection plus sérieuse nécessite un meuble à tiroirs. Chaque échantillon doit être accompagné d'une étiquette portant le nom du minéral, la date et le lieu de la collecte.
Certains minéraux s'altèrent à l'humidité. Il faut donc veiller à l'hygrométrie du local où ils sont conservés ou ajouter des sachets de gel de silice déshydratant dans les boîtes ou tiroirs de la collection. D'autres, au contraire, ne conservent leur bel aspect que dans une ambiance humide et risquent de s'effriter dans une atmosphère trop sèche. Le remède est alors inverse.

Le matériel de récolte

Pensez à emporter : un marteau, un burin, une brosse, une loupe, des gants de bricolage solides, un couteau, un bloc-notes, un crayon, un feutre, des feuilles de papier ou des sachets de plastique transparent pour isoler les échantillons, une sacoche ou un sac à dos.

PRÉCAUTIONS

Pensez toujours à demander une autorisation pour accéder à une carrière, même à l'abandon. Dans une carrière en activité, le chef de chantier peut être le meilleur guide du minéralogiste amateur. Mais il faut absolument éviter de pénétrer dans d'anciennes mines abandonnées ; les risques d'éboulements, de se perdre dans le dédale des galeries ou de chuter dans les puits sont réels.
Certains minéraux, faits de substances toxiques ou radioactives, sont dangereux. Il existe notamment des cristaux d'arsenic natif dans le Haut-Rhin, de la galène bleue (sulfure de plomb) dans le Puy-de-Dôme, de l'orpiment jaune vif (sulfure d'arsenic) dans les Alpes-Maritimes et du pechblende (oxyde d'uranium) en Bretagne. Il faut éviter de manipuler longuement à mains nues ce type de minéraux. En cas de doute, enfermez toute une nuit l'échantillon suspect dans une boîte contenant une feuille de papier photo vierge et faites-la développer. Une silhouette noire dénonce le danger. C'est ainsi que Becquerel a découvert la radioactivité, en 1896…

LES CÉRÉALES

"Si tu veux avoir du grain, sème ton blé à la Saint-Martin"
(11 novembre).

Le blé : un aliment universel depuis des millénaires.

Des épis lourds de symboles

Les céréales sont fortement chargées de symboles. C'est en effet pour permettre aux pauvres de la campagne de ramasser les épis laissés dans les champs après moisson qu'un édit royal a institué les tolérances de glane, en 561. À notre époque, les rarissimes épis de blé ou de seigle laissés sur place par les très efficaces moissonneuses-batteuses sont si pollués de pesticides et d'herbicides variés qu'il est exclu d'envisager de les consommer sans un traitement spécial. Ils peuvent en revanche servir à réaliser des objets décoratifs pour la maison.

Le blé, roi des céréales

Le blé (*Triticum*) est la céréale la plus connue et la plus cultivée dans le monde, excepté les régions équatoriales. Cette graminée, venue au Néolithique des steppes d'Asie occidentale, s'adapte à la plupart des climats. Elle peut être cultivée sans irrigation dans des régions arides et supporte aussi bien l'humidité que le froid, la neige ou le gel prolongé.

Il en existe plusieurs variétés. Le blé dur des zones chaudes et sèches est très riche en gluten ; c'est le blé des pâtes alimentaires. Le blé tendre, celui de la farine des boulangers, est une autre variété, bien adaptée aux pays tempérés. Le blé d'automne a été sélectionné pour profiter au mieux de l'humidité hivernale et printanière. C'est le blé des régions méditerranéennes. Le blé de printemps est celui des pays à hiver rude, de la Sibérie occidentale et du Canada.

RECETTES

Une préparation médicinale

Taille fine : une tisane de barbes de maïs

Faire bouillir 1/4 de litre d'eau. La verser sur une cuillère à dessert de barbes de maïs. Laisser infuser quelques minutes. En absorber une cuillère à soupe six fois par jour. Cette tisane, efficace pour perdre du poids, n'a pas les inconvénients parfois graves des diurétiques chimiques. On peut également l'utiliser pour calmer les douleurs des calculs urinaires, les œdèmes, les néphrites, les cystites, la goutte et les rhumatismes.

Cette culture a toujours bénéficié en priorité des progrès techniques agricoles. Les semoirs mécaniques, moissonneuses, batteuses puis moissonneuses-batteuses ont été mis au point dans les régions à blé d'Europe et d'Amérique du Nord. Depuis le début du XXe siècle, le blé a conquis des régions peu fertiles grâce à l'usage des amendements et des engrais chimiques. Il est au centre de progrès agricoles réels, mais sa production a aussi servi de prétexte à une pollution sans équivalent.

• LES AUTRES CÉRÉALES
L'Europe est le premier producteur de céréales dites fourragères comme le seigle, l'orge, le sorgho, le maïs et le millet. Ces céréales, très anciennement utilisées dans l'alimentation humaine, sont associées aux modes de vie anciens mais connaissent aujourd'hui un regain justifié par la mode du « bio ». À noter : l'essentiel de la production d'orge est destiné à la brasserie.

• LE MAÏS NON TRAITÉ (ZEA MAYS)
Lorsqu'il est en fleurs, de juin à août, on peut prélever les barbes du maïs (les filaments sortant des gaines). Les faire sécher à l'ombre et les conserver dans un bocal bien fermé. Ces barbes ont un réel pouvoir diurétique.

LA GRANDE CHÉLIDOINE

Chelidonium majus

L'HERBE AUX MILLE VERTUS

Cette plante herbacée assez touffue, de cinquante à soixante centimètres de haut environ, est très répandue dans les terrains incultes et près des haies. Elle est facile à identifier grâce à ses feuilles dentées comme des feuilles de chêne, ses petites fleurs jaunes et le suc orange et épais qui s'écoule de sa tige quand on la coupe.

Elle fait partie de la famille des papavéracées, comme les pavots, et contient elle aussi des alcaloïdes toxiques. Il convient donc de ne l'utiliser en usage interne que très prudemment. Elle n'a bien entendu aucun usage alimentaire.

La chélidoine, connue depuis l'Antiquité, a été si populaire qu'on l'a désignée par une foule de noms éloquents : herbe aux verrues, herbe d'hirondelle, herbe de Sainte-Claire, herbe aux boucs, grande-éclaire... Ses alcaloïdes ont une action sédative et même hypnotique. Ils sont par ailleurs puissamment bactéricides et peuvent ainsi expliquer l'action anti-infectieuse locale des préparations à base de chélidoine.

UNE TRADITION CONFIRMÉE

Une grande partie des utilisations médicinales de la chélidoine semble avoir été la conséquence d'un vieux raisonnement par analogie d'aspect. Le suc jaune de la chélidoine rappelant la bile, les thérapeutes d'autrefois en avaient déduit qu'elle devait être bienfaisante dans les maladies du foie. Ricanements des médecins modernes qui n'ont pas manqué d'y voir la persistance de pratiques magiques ! Mais les vérifications scientifiques modernes ont bel et bien montré, au grand étonnement du monde médical, que la chélidoine était effectivement stimulante de la sécrétion biliaire et de l'évacuation de la bile. Il est donc logique de l'utiliser dans diverses affections hépatiques comme l'ictère, les calculs biliaires, la cholécystite, l'hépatite chronique et la cirrhose du foie. Faire une décoction de 10 g de feuilles séchées dans un litre d'eau. En prendre deux à trois tasses par jour, avant les repas.

UN BON AUXILIAIRE DE LA VUE

La chélidoine est susceptible d'améliorer la vision dans bien des situations infectieuses et inflammatoires des yeux et des paupières, d'où son nom populaire de « grande-éclaire ». Elle peut être efficace contre les ulcères des paupières, les blépharites, les ophtalmies chroniques, utilisée sous forme de bains oculaires, de collyre ou de compresses imbibées d'une décoction légère de feuilles (trois à quatre feuilles dans un bol d'eau bouillie pendant une heure). Pour calmer la fatigue oculaire due au travail sur ordinateur, broyer une feuille fraîche entre le pouce et l'index et appliquer aussitôt le jus obtenu sur la paupière avec la pulpe d'un doigt.

Contre verrues, durillons et cors

L'usage le plus populaire de la chélidoine, toujours vivace dans les campagnes, est celui du suc que l'on emploie sur les verrues. On se contente de frotter une fois par jour la cassure fraîche d'une tige sur les verrues. Il est possible de faire disparaître les durillons et les cors en quelques semaines grâce au même traitement.

Où la chélidoine passe, le poil trépasse

Les disgracieux poils du visage et les pilosités excessives des bras et des jambes relèvent d'une application de jus de chélidoine. Laver les feuilles, les tiges et les fleurs et les passer encore humides au mixer. Cette bouillie, que l'on peut conserver trois mois au réfrigérateur, doit être appliquée directement sur la peau et laissée en place pendant trois heures. Laver au savon à la glycérine et graisser avec de l'huile de millepertuis.

Cette plante aux mille vertus contient des alcaloïdes toxiques : à employer avec prudence en usage interne.

LES COLÉOPTÈRES

"Les coléoptères sont généralement assez gros pour être bien visibles. On peut les capturer à la main sans risque particulier. "

Carabe rutilant.

• Les débuts du collectionneur d'insectes

Tout le monde peut ramasser des insectes dans la nature, sans équipement particulier sinon quelques bocaux à large ouverture comme des pots de moutarde ou de mayonnaise récupérés à la cuisine.

Un promeneur aperçoit sur le sol un carabe doré qui vaque à ses affaires. Il le saisit entre le pouce et l'index et l'examine. Il est stupéfait et émerveillé de découvrir les articulations des pattes, les ailes, les élytres, les antennes et les mandibules. Il décide donc de le conserver. N'ayant aucun matériel approprié, il l'enferme dans une boîte d'allumettes vide. Puis, de retour à la maison, voulant examiner à nouveau sa capture, il la noie dans un fond de verre de cognac pour pouvoir la manipuler plus facilement. Cette overdose d'un produit aussi éloigné de ses habitudes alimentaires est évidemment fatale au carabe. Après séchage, l'animal est rangé dans une boîte métallique. Une collection nouvelle est née.

Dans la semaine, l'heureux promeneur se procure un livre de poche sur les insectes. Le dimanche suivant, il arpente à nouveau la campagne avec un équipement encore sommaire mais qui va lui permettre de récolter dans de meilleures conditions non seulement des carabes, mais des cicindèles, des scarabées, des cétoines et des longicornes. Il a prévu quelques bocaux à large ouverture et un mini-flacon d'éther acétique.

Il s'équipe de mieux en mieux, se procure des livres illustrés et rend visite à des boutiques spécialisées. Au fil des promenades dominicales, sa collection va s'étoffer. Il entre en relation avec d'autres entomologistes amateurs pour échanger des spécimens, des astuces et des « tuyaux » variés. Le simple promeneur est devenu collectionneur d'insectes. Un entomologiste amateur est né.

• Le matériel de chasse

- Des flacons de verre épais à ouverture large et bouchon de liège contenant de la sciure de bois.
- De l'éther acétique.
- Un petit piochon pour gratter la terre, retourner les pierres, fouiller les débris végétaux et soulever les écorces.
- Un filet fauchoir qui permet de « faucher » le sommet des herbes.

Retour de chasse

L'éther acétique, très toxique pour les coléoptères, n'est pas inoffensif pour l'homme. Dès le retour à la maison, il convient de vider sur un journal déplié les flacons de chasse, si possible en plein air, ou au moins dans un endroit aéré.

Il faut ensuite disposer les insectes enveloppés dans des feuilles de papier journal sur des couches de coton et les entreposer en piles dans des boîtes en bois ; pas de métal ni de plastique, qui favorisent les moisissures. Et, bien entendu, on place enfin sur chaque boîte une étiquette indiquant la date, le lieu de chasse et les espèces récoltées.

Les bienfaits du dieu Kheper

Les anciens Égyptiens ont divinisé le scarabée qui était pour eux un symbole de renaissance. Ils représentaient le dieu Kheper avec une tête de scarabée et portaient des effigies de cet animal taillées dans des pierres dures, en pendentif, en collier ou en bague.

Avant la mise en collection, il faut étaler l'insecte sur une plaque de liège où pattes et antennes seront maintenues par des épingles.

PRÉCAUTIONS

Certains terrains de chasse peuvent s'avérer risqués. Ne cherchez pas à récolter les insectes cavernicoles, « mini-fantômes » blancs des grottes, sans être accompagné par un ou plusieurs spéléologues expérimentés. Divers dangers menacent les collections, en particulier les acariens, les micro-insectes et les moisissures provoquées par l'humidité. Il faut donc maintenir les collections dans des locaux secs et introduire dans les boîtes des produits comme la créosote, la naphtaline, le paradichlorobenzène ou le trioxyméthylène.

Lucane.

PRATIQUE

Préparation initiale

Dans les 48 heures qui suivent la chasse, les insectes ont conservé leur souplesse naturelle et il est facile de les préparer en les « étalant ». Passé ce délai, les articulations des insectes desséchés sont devenues cassantes et il est alors nécessaire de les ramollir avant préparation. Rien de plus simple d'ailleurs. Il suffit de mettre un peu de sable humide dans le fond d'une assiette, sur lequel on dépose les coléoptères rigides, et de recouvrir le tout d'un film plastique. Les petites espèces sont ramollies en 24 heures, les plus grosses en 48 heures.

Les insectes ramollis sont « piqués » sur l'élytre droit puis fixés par la même épingle sur une plaque de liège. Il est alors facile d'étaler les pattes et les antennes en s'aidant de pinces fines et d'aiguilles.

Préparation finale

En quinze ou vingt jours, les insectes étalés sont secs et prêts à être transférés dans des boîtes de présentation vitrées.

Les petites espèces de moins de 10 mm ne sont pas piquées mais collées sur des étiquettes appelées « paillettes », elles-mêmes fixées par une épingle sur le fond de la boîte de collection. Cette épingle doit aussi porter une étiquette indiquant le nom du spécimen, la date et le lieu de récolte.

Coccinelles à sept points.

LE CHIENDENT OU FROMENT RAMPANT

Agropyron ou Elymus repens

LE GRAND PURIFICATEUR

Le chiendent, graminée cosmopolite qui pousse spontanément un peu partout, dans les jardins comme dans les terrains incultes, se trouve aussi en montagne jusqu'à 2000 mètres.

Cette plante herbacée atteint souvent un mètre de haut. Elle porte des feuilles linéaires très allongées, aux fleurs jaunâtres en épis qui produisent un fruit souvent appelé « graine », bien qu'il s'agisse en réalité d'un caryopse.

Le chiendent est connu dans les milieux ruraux comme une mauvaise herbe opiniâtre envahissant les jardins et les champs. Pour un jardinier ou un agriculteur, la lutte contre le chiendent est un souci presque permanent. Dans le langage courant, son nom est d'ailleurs devenu synonyme d'une difficulté toujours renaissante, en référence au pénible travail que représente l'arrachage de ses longues racines. Le chiendent intéresse cependant les humains par ses « graines », aussi nutritives que celles du blé, et par ses racines ou rhizomes, aux vertus médicinales reconnues depuis l'Antiquité. Ce qui ne l'empêche pas de participer aux plaisirs de la table comme ersatz de café ou stimulant de la fermentation en brasserie.

Le rhizome de chiendent était si réputé comme dépuratif en Extrême-Orient qu'il avait sa place comme « grand purificateur » dans les rites de la Chine ancienne.

Le cauchemar du jardinier fait une excellente salade.

Les bienfaits du chiendent

La décoction de racines de chiendent a été très utilisée, et peut toujours l'être, comme un efficace calmant des crises hémorroïdaires.

Il suffit d'en broyer 50 g, de laisser macérer trois heures dans un litre d'eau, puis d'appliquer en compresses. Un autre bienfait de cette plante sous-estimée : employée en fourrage pour les vaches laitières, elle augmente les performances en quantité et en qualité du lait.

Le paria des graminées

Comme celles de presque toutes les graminées (blé, avoine, orge, seigle...), les graines de chiendent sont comestibles et peuvent faire des farines riches en glucides et en protides. Mais les graminées nécessitent beaucoup de travail et de patience pour les faire passer de la nature à la table car leurs graines sont petites. Il faut ramasser les épis mûrs, les battre, les vanner, écraser les graines, en séparer la farine nutritive des enveloppes...

Depuis le Néolithique, les civilisations successives ont fait des choix basés sur le rendement, sur le rapport entre le travail fourni et la quantité aussi bien que sur la qualité des produits alimentaires obtenus. C'est ainsi que les humains se nourrissent depuis des millénaires, et selon les régions de pita, de pain, de bouillies, de tofu, de miso, de shoyu, de tamari, de tortilla ou de tamales.

Mais ce pauvre chiendent, oublié de l'évolution nutritionnelle, n'a pas l'honneur de figurer au hit-parade des aliments nobles.

Une salade printanière

Récoltées en avril-mai, les jeunes extrémités blanchâtres des rhizomes peuvent être consommées crues. Bien sûr, leur récolte sera sportive, car arracher leurs ramifications est un travail non négligeable, mais bien plus bénéfique pour la santé que le même temps passé devant une télévision. Les fines radicelles seront lavées puis assaisonnées, selon les goûts, soit d'une mayonnaise soit d'une vinaigrette aromatisée. Quand la récolte est insuffisante, on peut y ajouter des feuilles de mâches ou de pissenlits. Si vous partagez ce plat avec des convives un peu snobs (il en existe), il est préférable de prétendre qu'il s'agit d'une plante tibétaine.

COCORICO, VOILÀ LES COQUELICOTS !

Papaver rhoeas

« Ce pavot a été appelé « coquelicot » au Moyen Âge parce que sa fleur rouge rappelle la crête du coq. »

IMPOSSIBLES À CONFONDRE

Les coquelicots qui illuminent les paysages champêtres sont connus depuis la plus haute antiquité car ils sont arrivés du Proche-Orient avec le blé, il y a environ 20 000 ans. La beauté de leurs fleurs a toujours suscité l'admiration. Les Grecs les avaient baptisées « fleurs d'Aphrodite ». Tous les peuples de l'Antiquité classique, Égyptiens, Grecs, Romains et Carthaginois les utilisaient couramment pour leurs propriétés sédatives.

Grande plante de cinquante centimètres environ, le coquelicot porte des feuilles poilues. Ses grandes fleurs rouges au cœur noir, s'épanouissant de fin avril à septembre, ne comportent que quatre pétales. Il est commun dans toute l'Europe, en particulier en bordure des champs de céréales mais encore plus fréquent dans les jachères.

Bien que les coquelicots donnent aux champs un air de fête, les cultivateurs d'aujourd'hui les considèrent comme une « mauvaise herbe », bonne à détruire à l'aide d'herbicides... et tant pis pour la pollution des sols.

SOS COQUELICOT !

Le coquelicot est actuellement une plante sauvage en voie de disparition. Ses amoureux, et ils sont nombreux, qui attendent avec impatience leur signal écarlate et flamboyant annonçant le début de la belle saison, ne doivent pas hésiter à recueillir ses graines et à les semer dans leur jardin, sur des talus ou dans des bacs, sur leurs balcons.

Un bouquet de marguerites, de renoncules, de primevères et de véroniques a absolument besoin du coup de fouet de couleur des coquelicots.

UN SIROP POUR LA TOUX

Mettre dans une casserole 500 g de pétales frais (les pétales uniquement !) et y verser un litre d'eau bouillante. Laisser infuser 24 heures sur un réchaud réglé au minimum. Faire bouillir à deux reprises. Filtrer. Préparer par ailleurs un sirop de sucre en faisant bouillir 1 kg de sucre dans deux grands verres d'eau. Puis mélanger avec l'eau de coquelicot et faire bouillir à nouveau. Lorsqu'on remplace le sucre par du miel, ce sirop est encore plus sédatif.

PRATIQUE

Petits pains aux graines de coquelicots

Acheter de la pâte à pain au lait et au beurre. La diviser en pâtons et les placer dans des moules beurrés et farinés. Laisser lever puis les dorer à l'œuf battu. Saupoudrer de graines de coquelicots. Cuire au four.

LES ESCARGOTS

“Limaçon aventureux, le temps sera pluvieux”

(vieux dicton bourguignon).

Une vie sexuelle très spéciale

On peut ramasser des escargots dès la fin du mois de juillet, en août, en septembre et en octobre, tout dépend de la région et de la météo locale. Les gastéropodes hibernent à partir d'octobre. Ils s'enfoncent alors dans la terre et ferment l'orifice de leur coquille par une membrane de salive desséchée, pour ne se réveiller qu'en avril. On les trouve partout, dans les champs, les prés, les bois, les landes et les vignes, avec une prédilection pour les endroits humides.

La tête d'un escargot présente deux paires de tentacules rétractiles. Les plus grands, implantés à l'arrière de la tête, portent les yeux à leur extrémité. Les plus petits sont des palpeurs tactiles. La bouche de l'escargot, équipée d'une mâchoire cornée et d'une langue râpeuse, lui permet de se nourrir de feuilles qu'il attaque entre les nervures. Les escargots sont hermaphrodites mais ne peuvent pas s'autoféconder. Ils s'accouplent et pondent des œufs qui éclosent en un mois. Les jeunes seront adultes vingt-huit mois plus tard.

• HIT-PARADE GASTRONOMIQUE

Les Français sont les premiers amateurs d'escargots au monde. Ils en consomment 30 000 tonnes par an ! Incontestablement, l'escargot « de Bourgogne », appelé aussi « gros blanc » (*Hélix pomatia*), a la vedette. C'est le plus gros et le plus apprécié des amateurs. Mais attention, il est maintenant protégé dans la plupart des départements et son ramassage est généralement interdit. Il faut se renseigner auprès des autorités car il n'existe pas de réglementation générale, valant pour toute la France. Puis vient le « petit gris », appelé aussi « cagouille » (*Hélix aspersa*). L'escargot à bouche noire (*Hélix vermiculata*) est une espèce méridionale, encore consommable. L'escargot « des jardins » ou « des bois », à la coquille jaune striée de bandes noires, est le moins apprécié.

RECETTES

Des astuces gourmandes

Préparation des escargots

Quelle que soit la recette envisagée, il est important de faire jeûner les escargots pendant deux jours. Les mettre alors à dégorger deux heures dans deux litres d'eau salée et vinaigrée puis les laver dans plusieurs eaux. Les faire cuire six minutes dans une eau bouillante salée. Après avoir égoutté, retirer les escargots de leurs coquilles, en les débarrassant des opercules et des extrémités noires. Laver soigneusement les coquilles vides dans une eau très chaude et laisser sécher.

Préparer un court-bouillon en ajoutant à du vin blanc un bouquet garni, un clou de girofle, deux carottes, un oignon, du sel et du poivre. Faire cuire les escargots « nus » pendant une heure dans ce court-bouillon et laisser refroidir le tout. Égoutter. Les escargots sont prêts à être cuisinés.

On peut servir les escargots « à la poulette », avec une sauce à la crème et au vin blanc, ou encore en accommoder une omelette ou des feuilletés.

Un plat traditionnel : les escargots à la bourguignonne

Préparer un beurre d'escargot en mélangeant beurre, ail, persil, sel et poivre. En mettre un peu dans le fond de chaque coquille vide, remettre un escargot dans la coquille puis boucher, toujours avec ce beurre. Placer le tout dans un plat. Mettre au four à feu doux jusqu'à ce que le beurre commence à frissonner et servir très chaud.

“Toute plante est une lampe, le parfum est de la lumière”

(Victor Hugo).

FLEURS SAUVAGES ET ODORANTES

• POUR LE PLAISIR DES YEUX

De tout temps les hommes, et les femmes surtout, ont été sensibles à la beauté des fleurs. Leurs formes et leurs couleurs ont inspiré les peintres et les décorateurs qui en ont abondamment orné tentures, papiers peints, tapis, tissus d'ameublement... Les motifs floraux sont également les plus répandus dans le monde de la mode. Quant au bouquet, le choix des fleurs, leur arrangement, leur symbolique, les matières additionnelles et les circonstances mêmes de l'offrande ont fini par constituer un art à part entière.

• L'ART DU BOUQUET

L'art du bouquet est enseigné. Il a ses professeurs, ses règles, ses techniques, ses associations, ses concours et ses expositions. Mais il est basé sur l'utilisation des fleurs de jardin, de fleuristes ou d'horticulteurs. Le bouquet champêtre, de par sa nature sauvage et spontanée, échappe naturellement aux règles presque académiques de l'art du bouquet. Cueillir et assembler quelques fleurs telles qu'elles se présentent au moment où elles apparaissent dans la nature, uniquement parce qu'elle sont là, sur le chemin du promeneur, ne peut pas relever d'une technique ou d'une règle fût-elle d'or. Leur choix et la confection du bouquet traduisent un élan affectif et sensuel qui doit donner du plaisir.

Le bouquet de fleurs sauvages se fait selon son cœur, et non selon des codes enseignés. D'ailleurs les femmes ne s'y trompent pas, et celles dont les goûts ne vont pas aux vaines mondanités attachent plus de prix à l'offrande imprévue de quelques fleurs des champs, cueillies au hasard et rassemblées maladroitement en un bouquet mal ficelé, qu'à la livraison d'une magnifique gerbe portant la griffe d'un fleuriste en renom.

Quelques fleurs à bouquets

Il existe plus de deux cents espèces de fleurs sauvages que l'on peut cueillir dans les champs, au bord des chemins, dans les bois, dans les prés ou en montagne. Il est bien entendu impossible de les citer toutes ici, en voici quelques exemples. Pour confectionner un bouquet aux couleurs de la France, le 14 juillet, on peut mêler bleuets des champs, valérianes officinales et coquelicots. La tradition veut que le bouquet de la mariée soit composé de fleurs d'aubépine. Est-ce leur blanc immaculé qui les a fait choisir symboliquement pour l'offrande à celle qui choisit une nouvelle vie ? Ou le fait que l'aubépine est un épineux...

Campanule — Grande mauve — Bleuets — Grande marguerite

Fleurs blanches

- Ail des ours
- Alliaire
- Aspérule odorante
- Cardamine impatiente
- Muguet
- Plantatère à deux feuilles
- Stellaire des bois
- Tamier commun

Fleurs jaunes

- Millepertuis
- Potentille dressée
- Primevère officinale
- Sauge glutineuse
- Solidage verge d'or

Fleurs roses et rouges

- Bétoine officinale
- Cardamine des prés
- Coquelicot
- Mélisse
- Œillet couché

Fleurs bleues

- Ancolie commune
- Bleuet des champs
- Campanule fleurs de pêcher
- Jacinthe des bois
- Lupin vivace
- Véronique officinale
- Violette

Les principales plantes odorantes

- **Anémone des bois**
- **Aspérule odorante ou reine des bois**
- **Centaurée à odeur de prune**
- **Lavande**
- **Muguet**
- **Pâquerette**
- **Perce-neige**
- **Pervenche**
- **Verveine**

La magie des parfums

Les humains, c'est bien connu, n'ont qu'un très médiocre odorat par rapport aux mammifères sauvages. Le parfum exerce pourtant sur nos sens une puissante attraction, tout au moins quand il est discret, de même qu'il prolonge la présence d'une personne après son départ ou ravive le souvenir. Sans doute est-ce pour cela que, dès l'Antiquité, les hommes l'ont associé à la spiritualité et en ont fait un élément d'offrande aux divinités. Toutes les religions, de diverses façons, en utilisent dans leurs rituels. Les Hébreux, les Grecs, les Romains et les Égyptiens ont largement employés les parfums dans les temples, au cours de fêtes et même pour embaumer les corps. L'encens figurait d'ailleurs parmi les présents des rois mages à l'Enfant-Jésus.

D'OÙ VIENT LE PARFUM D'UNE PLANTE ?

Beaucoup de plantes ne dégagent aucune odeur perceptible par notre odorat ; d'autres, comme la menthe, doivent être froissées ou écrasées pour l'exhaler. Ce sont le plus souvent les fleurs qui dégagent une odeur. Celle-ci est un signal, une sorte de balise destinée aux insectes pollinisateurs, aux abeilles particulièrement.

LES PARFUMS COMMERCIAUX

C'est notre odorat insuffisant qui a poussé les parfumeurs à recourir au « presque-tout-artificiel ». Ils choisissent ainsi les fleurs de certaines espèces végétales, les sélectionnent pour qu'elles soient plus odorantes et concentrent au maximum les huiles et les essences florales pour donner à leurs productions plus d'impact sur les pauvres cibles que nous sommes. Les parfums du commerce sont donc des mélanges complexes comportant des éléments végétaux, animaux (ambre gris, castoreum, musc...), et d'autres purement synthétiques.

LES PARFUMS NATURELS

Les parfums émis par les plantes sauvages dans la nature sont pour le promeneur d'une discrétion telle qu'il ne peut généralement les percevoir qu'en portant la fleur à ses narines ou en écrasant des pétales ou des feuilles entre ses doigts.

Ces parfums naturels n'ont aucun rapport avec les parfums des plantes odorantes cultivées (jasmin, rose, gardénia, lavande, œillet...) et a fortiori avec la puissance souvent excessive des productions de la parfumerie moderne.

PRÉCAUTIONS

- **Certaines espèces sont protégées, ne pas y toucher (se renseigner en mairie ou auprès des Eaux & Forêts).**
- **Certains végétaux ont une toxicité telle qu'il est préférable de ne pas les manipuler à mains nues, et parfois même de s'abstenir de les récolter.**
- **Ne pas abîmer, et encore moins arracher, la plante qui offre ses fleurs.**
- **Couper proprement au couteau la tige porte-fleur en prévoyant si possible une queue suffisamment longue.**
- **Penser à récolter aussi quelques feuilles pour la confection finale du bouquet.**
- **Transporter les fleurs fraîchement cueillies en couvrant leurs tiges d'un papier journal humidifié mais sans les assembler par un lien serré.**
- **Pour la mise en vase, recouper nettement les queues avec un couteau plutôt qu'avec des ciseaux, qui écrasent toujours un peu les canaux à sève des tiges.**
- **Enlever les feuilles de la tige porte-fleur de façon à ce qu'aucune feuille ne trempe dans l'eau du vase.**
- **Ajouter un comprimé d'Aspirine à l'eau du vase prolonge la fraîcheur d'un bouquet.**
- **Prendre soin de ne remplacer l'eau des vases contenant des fleurs qu'avec une eau à même température.**

LA MÂCHE OU DOUCETTE

Valerianella morisonii

UNE SALADE AU GOÛT INCOMPARABLE

Cette petite plante annuelle est très commune dans les champs, les jachères, les clairières et les ruines aussi bien en plaine qu'en moyenne altitude.

Ses petites fleurs blanches bleutées apparaissent de mai à juillet au milieu de feuilles en spatules allongées. La mâche se semble avoir aucune prétention à la vocation médicinale. C'est simplement une bonne plante dont les feuilles, et même la totalité, peuvent composer de savoureuses salades. Sa collecte ne pose aucun problème. Elle ne pousse que dans des lieux faciles d'accès. Aucun besoin de s'encorder pour accéder à des endroits qui offrent une ou plusieurs mâches au mètre carré. Il suffit de s'équiper d'un couteau pour couper les racines. Autre atout : la mâche ne peut être confondue avec aucune plante non comestible. Si elle est cultivée dans les jardins et vendue en quantités industrielles dans les grandes surfaces, le goût de la mâche sauvage est incomparable. Goûtez-le, vous ne pourrez certainement plus vous en passer.

PRÉCAUTIONS

Le promeneur tenté de rapporter une bonne salade à la maison devra s'abstenir de collecter les mâches, si belles soient-elles en apparence, qu'il verra inévitablement au bord des chemins longeant les champs cultivés et sur les bas-côtés des routes. Elles y sont profondément polluées par les engrais et pesticides aussi bien que par des poussières de goudron cancérigènes. Le lavage ne suffit pas à éliminer ces toxiques. Il faut donc se contenter de celles que l'on trouve dans les clairières.

Des astuces gourmandes

Le festin des clairières

Mélanger des feuilles de mâche sauvage, de jeunes pousses de mélisse, des feuilles de violettes et servir avec une sauce « avocat ». Pour cette dernière, il suffit de passer au mixer la chair d'un avocat mûr, un citron vert (sans l'écorce !), de la crème fraîche, de l'ail, du poivre et du sel. Ajouter de l'huile d'olive pour obtenir l'onctuosité voulue. Verser sur la salade et mélanger délicatement, la mâche est fragile. Décorer avec des fleurs de violettes et du persil.

Soupe de mâche à l'avoine

Laver les mâches entières à grande eau et les laisser égoutter. Faire fondre des oignons et de l'ail avec de l'huile dans une casserole et y ajouter la mâche puis des flocons d'avoine, un peu d'eau et du sel. Faire cuire à feu doux jusqu'à ce que les céréales soient bien cuites. Passer à la moulinette et servir bien chaud. Le nec plus ultra pour présenter ce plat : dans chaque assiette, décorer la surface de la soupe fumante d'un filet de crème fraîche.

Régal des prairies au bleu

Mélanger des feuilles de mâche sauvage à de jeunes feuilles de plantain et de consoude. Assaisonner avec une sauce à la fourme obtenue en écrasant le fromage avec du yaourt, de l'ail et de l'huile d'olive. Cette salade peut se déguster « sur l'herbe », en prenant quelques feuilles dans ses doigts et en les trempant dans la sauce avant de les porter à la bouche... puis en s'essuyant les lèvres d'un revers de main. Bien loin des restaurants de luxe, mais c'est encore plus délicieux.

Criquets pèlerins (*Schistocerca gregaria*).

LES ORTHOPTÈRES : SAUTERELLES, CRIQUETS ET GRILLONS

Des symboles fondamentaux

Il existe dans le monde plus de seize mille espèces d'orthoptères. Les plus connus en France sont les sauterelles, les criquets et les grillons. Ils vivent généralement dans les jardins, les prairies et les forêts. Certains sont arboricoles (comme la grande sauterelle verte) d'autres, équipés d'ailes réduites, vivent sur le sol.

Le grillon pond ses œufs dans la terre, y naît sous forme de larve puis se métamorphose par des mues successives pour devenir adulte (« imago » pour les entomologistes). Il représente le triple symbole de la vie, de la mort et de la résurrection dans bien des civilisations et surtout pour les Chinois. Les grillons comprennent de nombreuses espèces, parmi lesquelles le gros grillon champêtre (*Gryllus campestris*), le grillon domestique (*Acheta domestica*) ou le grillon des forêts (*Nemobius sylvestris*).

Les sauterelles sont l'image même du fléau de la pullulation dévastatrice. La septième plaie de l'Égypte n'était cependant pas faite de sauterelles mais de criquets : la locuste ou criquet migrateur (*Locusta migratoria*), et le criquet pèlerin (*Schistocerca gregaria*). Il ne s'agissait pas non plus de migrations mais de pullulations locales de plusieurs milliards d'individus adultes volant en formant des « nuages » si denses que le ciel en était obscurci. Depuis l'Ancien Testament, les invasions de criquets se sont souvent produites autour de la Méditerranée, au Proche-Orient et au Sahel, jusqu'au XXe siècle.

Musiciens et signaux d'alarme

Les orthoptères stridulent, selon les espèces, en frottant leurs ailes l'une contre l'autre ou en grattant une aile avec une patte. Ils disposent d'organes auditifs et communiquent entre eux diverses informations dont les plus importantes sont d'ordre sexuel. Chaque espèce émet un son dont la fréquence, l'amplitude, l'intensité et le rythme sont caractéristiques et permettent de l'identifier.

Malgré les dégâts qu'ils peuvent effectivement causer à certaines cultures quand ils pullulent, les orthoptères sont considérés comme d'excellents « indicateurs biologiques », révélateurs de la qualité et de l'état de santé des biotopes. Leur raréfaction ou leur disparition constitue un signe d'alarme en matière de pollution. Dans les régions céréalières, l'abondance des épandages de produits anti-acridiens risque de les faire disparaître.

La capture

Elle se fait à la main ou au filet, de préférence le matin, quand la fraîcheur et la rosée rendent la capture plus aisée car les orthoptères sont alors moins agiles. Leur préparation et leur collection relèvent des mêmes techniques que celles des coléoptères.

Portrait d'une carnassière musicienne

La plus connue et la plus caractéristique des sauterelles est la grande sauterelle verte (*Tettigonia viridissima*) qui mesure environ six centimètres. Elle est d'une belle couleur vert tendre et on la rencontre assez souvent dans les champs qui n'ont pas été traités aux insecticides anti-acridiens. Elle est carnassière et s'attaque à toutes sortes d'insectes, mouches, autres acridiens et papillons. Elle consomme aussi des substances végétales et peut s'en prendre aux feuilles des arbres ou à des plantes herbacées.

La tête porte les yeux composés et les ocelles, les longues antennes et les pièces buccales broyeuses qui peuvent mordre le doigt d'un imprudent la saisissant maladroitement. La grande sauterelle est équipée de trois paires de pattes. Les premières portent sur le tibia un tympan auditif. Les dernières sont très développées et servent au saut. Les ailes sont plus longues que le corps. Les antérieures sont transformées en élytres. Leur base comporte, chez le mâle, un organe stridulant. Les ailes postérieures très développées se replient au repos. L'abdomen des femelles se termine par une tarière qui permet le dépôt des œufs dans le sol.

Sauterelle

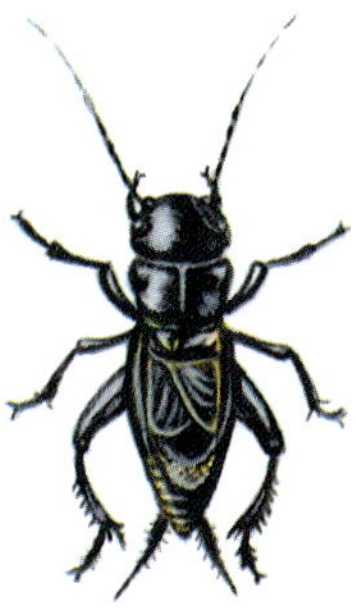

L'ÉLEVAGE

Il est très simple d'élever des orthoptères, et plus spécialement des grillons, dans des aquariums réformés ou de simples caissettes en bois au fond garni de terre et recouverts d'un grillage métallique. Un aquarium de 90 litres peut abriter quatre cents grillons. On les nourrit d'herbes, de feuilles et de grains de blé ou d'orge germés en maintenant les cages à température ambiante (18 à 20°). La chaleur radiante d'une lampe de 100 W, installée quelques heures par jour entre 20 et 30 cm de la cage, favorise leur multiplication. Une assiette pleine de sable sert de pondoir et une coupelle pleine d'eau d'abreuvoir et de baignoire. Mettre aussi des cailloux pour simuler un habitat naturel. Commencer l'élevage avec des grillons capturés dans la nature ou achetés en animalerie, en veillant à avoir un nombre égal de femelles et de mâles. En moins de deux semaines apparaissent les premiers bébés grillons, qu'il convient de séparer de leurs parents en les installant dans un autre vivarium équipé à l'identique. Bien conduit... et c'est beaucoup plus simple qu'une basse-cour ou un clapier, un élevage de grillons peut subvenir aux besoins en protéines d'une famille de six personnes.

PROTÉINES ET NUTRITION

Les élevages de sauterelles, grillons et criquets sont passionnants pour l'observation de ces insectes mais, surtout, ils permettent de produire très vite (beaucoup plus que les vaches, les moutons et les cochons) et presque gratuitement des protéines alimentaires d'excellente qualité nutritive.

L'entomophagie, qui fut à la base de l'alimentation humaine des temps préhistoriques, est toujours pratiquée par des millions d'hommes, de façon régulière ou épisodique, pour combler les carences alimentaires et spécialement protidiques. En Europe, la consommation des insectes provoque souvent un dégoût instinctif. Ils sont pourtant délicieux en préparations culinaires. Un détail pour ceux qui aiment être à la pointe du progrès : un restaurant servant des insectes vient de s'ouvrir à Paris ! L'avenir est en marche... et peut-être la mode des grilleries d'insectes.

Grillon champêtre (*Gryllus campestris*).

RECETTES

Des astuces gourmandes

La sauterelle : une friandise méconnue...

Amuse-gueule champêtre

Cuire au four, à feu moyen, des grillons saupoudrés de thym et de paprika. Saler, laisser refroidir et les servir à l'apéritif comme des chips ou utiliser pour la décoration de salades vertes.

Sauce provençale aux grillons

Faire fondre à feu doux dans de l'huile d'olive des oignons hachés, des tomates en morceaux, du thym, du laurier, des sauterelles ou des grillons hachés. Servir chaud avec du riz ou des spaghettis autour d'un poulet rôti.

Paella sauteuse

Dans une paella classique, remplacer les crevettes ou les gambas par des sauterelles ou des grillons frits à l'huile.

Sauterelles au chocolat

Faire fondre au bain-marie du chocolat noir avec un peu de beurre. Tremper les sauterelles dans le chocolat fondu, les retirer et laisser durcir au réfrigérateur. À servir avec un bon café, bien serré.

LA MENTHE DES CHAMPS OU MENTHE POIVRÉE

Mentha piperita ou *arvensis*

• Une récolte estivale

La menthe est une plante vivace très commune dans les sous-bois, les terrains vagues, les lisières, les remblais et au bord des chemins. Ses feuilles, surtout si on les écrase entre deux doigts, dégagent une forte odeur de menthol. Ses fleurs en grappes violettes ne donnent que rarement des fruits, la plante se multipliant par rejets souterrains (stolons).

Toute la plante produit une huile essentielle contenant de 50 à 70 % de menthol. C'est une plante aromatique rafraîchissante, qui a toujours aidé les hommes à mieux supporter la chaleur. Elle a aussi des propriétés antispasmodiques, cholagogues, toniques, stimulantes et même, employée à forte dose, aphrodisiaques.

Elle était déjà très appréciée des anciens Égyptiens et des Hébreux. Les Grecs de l'Antiquité en avaient fait un symbole de jouvence et de virilité. On disait alors qu'un homme restait un vivant digne de ce nom aussi longtemps qu'il pensait à en cueillir un brin en passant près d'elle...

Les feuilles et les fleurs doivent être récoltées en été par temps chaud, sec et ensoleillé puis séchées dans un four réglé au minimum et porte ouverte.

• Presque une panacée

La menthe stimule l'appétit, atténue les ballonnements, calme les diarrhées et stimule la sécrétion biliaire. C'est la bienfaitrice des femmes souffrant de colites spasmodiques. Elle a également une action très favorable contre les nervosités, les insomnies, les crampes, les rhumes, les laryngites, les bronchites, les toux spasmodiques et les migraines. On peut encore l'utiliser localement sur des démangeaisons en frottant la peau avec des feuilles écrasées.

Des astuces gourmandes

Comme à Marrakech...

Verser de l'eau bouillante sur du thé vert dans une tasse ou, mieux, un verre décoré dans lequel on a au préalable déposé une ou deux feuilles de menthe. Sucrer au miel ou, encore plus berbère, avec un morceau de pain de sucre cassé à l'aide d'un marteau spécial, en bronze.

Salade à la menthe

Les feuilles de menthe sont tendres et très agréables en salades, mais leur pouvoir aromatique est si marqué qu'il est préférable de les mélanger à des feuilles de consoude, de mâche, de luzerne ou d'aubépine. Assaisonner selon son goût, en évitant les huiles trop fruitées et les sauces trop aromatisées. Une simple mayonnaise peu épicée convient mieux qu'une sauce mexicaine.

Sauce à la menthe

Hacher finement une poignée de feuilles de menthe fraîchement cueillies. Y ajouter dans un bol quatre cuillères à soupe d'huile d'arachide, une de vinaigre de cidre et une cuillère à café de miel d'acacia. Fouetter énergiquement et saler selon son goût. Cette sauce est très agréable avec des céréales comme le blé, le millet, le riz, le maïs, etc. Elle peut aussi accompagner des viandes blanches, sans risque d'être accusé d'anglomanie.

Faire son sirop de menthe pour l'été

Faire infuser dans un litre d'eau quatre poignées de menthe fraîche ou sèche pendant 24 heures. Filtrer et mélanger avec 1,5 kg de sucre cristallisé. Mettre en bouteilles et faire tiédir au bain-marie en les agitant de temps en temps pour que le sucre fonde complètement.

Crème de menthe maison

Faire macérer pendant un mois 150 g de feuilles de menthe sèches dans un litre de bonne eau-de-vie de fruits. Filtrer et ajouter 150 g de sucre roux. Laisser les bouteilles au soleil jusqu'à dissolution complète du sucre. Excellent digestif, à utiliser avec modération bien entendu...

LES ORTIES

"Les hommes connaissent et utilisent les orties depuis leurs origines paléolithiques, c'est-à-dire depuis plus de 100 000 ans."

UNE MAL-AIMÉE

Il existe en Europe deux principales espèces de cette plante vivace : la grande ortie (*Urtica dioica*) et la petite ortie ou ortie grièche (*Urtica urens*). L'ortie pousse partout en France, surtout dans les terrains vagues, les remblais et toujours à proximité des habitations. On dit qu'elle suit l'homme à la trace...

La récolte se fait au printemps pour les feuilles, de juin à septembre pour les tiges et de préférence en octobre pour les racines. Seules les fleurs et les graines sont inutilisables. Alors que de façon générale la glane doit être limitée sous peine de remarques désobligeantes, voire d'amendes, on peut récolter les orties tout à sa guise. Nos contemporains, ayant souvent oublié leurs vertus, les jugent nuisibles. Les jardiniers leur font la chasse et l'industrie chimique fabrique même une hormone anti-ortie...

PRÉCAUTIONS

Pour un usage alimentaire ou médicinal, il est prudent de ne pas récolter les orties en bordure de route ou d'un champ cultivé car elles y sont polluées (poussières de goudron, particules de plomb, pesticides et engrais).

Toute la plante est garnie de poils urticants, c'est-à-dire non seulement piquants, mais provoquant sur le peau une éruption douloureuse qui ressemble à celle de l'urticaire. Pour la cueillette, il faut donc porter un pantalon, des manches longues et des gants. Un bon truc pour neutraliser les poils urticants avant toute préparation : arroser les feuilles d'eau bouillante.

RECETTES

Des astuces gourmandes et médicinales

La soupe d'orties

Choisir de jeunes plantes et prélever les feuilles les plus proches du sommet. Les ébouillanter. Faire fondre dans une casserole de l'ail et des oignons avec un verre d'huile. Ajouter les feuilles d'orties puis des pommes de terre coupées en morceaux, des flocons de céréales, juste assez d'eau pour recouvrir, du sel et du poivre. Laisser mijoter à feu moyen jusqu'à cuisson des pommes de terre (de 30 à 45 minutes). Passer à la moulinette. Ajouter de la crème fraîche au moment de servir.

Les feuilles d'orties frites... un vrai régal

Ébouillanter les feuilles de jeunes plants d'orties. Sur une planche à découper, les écraser avec un rouleau à pâtisserie. Saler puis tremper les feuilles dans des œufs battus et bien assaisonnés. Cuire à la poêle, selon les goûts dans du beurre, de l'huile d'olive, d'arachide, de colza ou de pépins de raisin.

Les orties guérisseuses

En tisane, en soupe ou en purée, les feuilles d'orties ont les mêmes vertus anti-anémiques que les épinards et sont en outre hémostatiques, diurétiques et dépuratives. La tisane d'orties se prépare très vite : couper une feuille en menus morceaux. La mettre au fond d'un verre et l'ébouillanter quelques secondes, puis jeter cette eau. Remplir d'eau chaude et sucrer selon son goût, de préférence avec du miel.
Les orties ont aussi un réel pouvoir révulsif et sédatif en frictions locales dans les poussées inflammatoires douloureuses des rhumatismes. Les frictions du cuir chevelu avec une décoction de racines d'orties ralentiront la chute des cheveux.

Le purin d'orties, un engrais biologique
Mettre dans un récipient des feuilles et des tiges d'orties morcelées. Remplir d'eau, si possible de pluie, recouvrir le récipient d'une feuille de plastique et le placer à distance de l'habitation, de préférence au soleil. Une quinzaine de jours plus tard, on peut répandre ce purin sur les planches et les massifs de fleurs du jardin, ou dans les pots et jardinières servant à cultiver plantes décoratives et aromatiques. La taille du récipient dépendra de la dimension de votre jardin ; elle peut varier d'un seau de vingt litres à un fût de deux cents litres.

Photographier la nature

CONSEILS ▶ **Parmi tout ce qu'un promeneur peut rapporter de ses expéditions, les photos offrent une autre forme de glane. Il ne s'agit pas de singer les professionnels, nul besoin donc d'appareils de grands et moyens formats, de grands et gros téléobjectifs, de flashs volumineux ni de motorisation. Mieux vaut un matériel léger et polyvalent, pour limiter le poids et le volume à transporter. Au sac à rabat, toujours gênant, préférez le sac à dos « spécial photo » ou la sacoche bandoulière à casiers rembourrés dans laquelle le matériel est rangé « nu », et peut être ainsi plus vite prêt à l'emploi.**

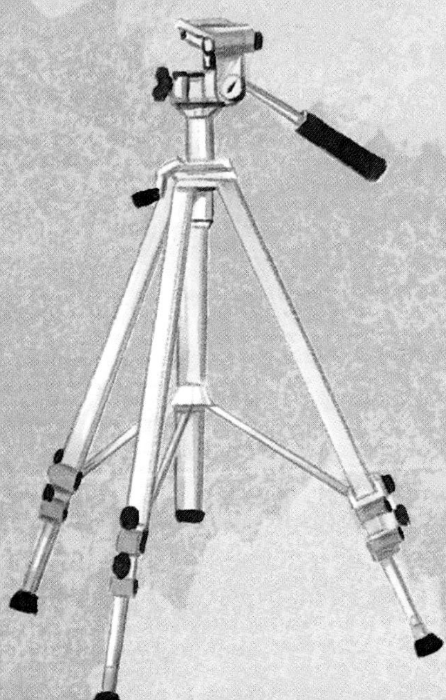

Choisir le boîtier

▶ L'idéal est un boîtier robuste, comme le classique reflex 24 x 36 à objectifs interchangeables et à entraînement mécanique, avec cellule photoélectrique pour la mesure du temps de pose, sans motorisation, sans mise au point automatique et sans programmation de l'exposition. Une marque de grande diffusion offrira un choix plus large d'objectifs et d'accessoires et permettra de les trouver éventuellement en occasion. Parmi les meilleurs boîtiers de ce type figurent le Nikkormat et le Nikon FM 10. Des équivalents existent chez Contax, Minolta, Canon, Olympus... Les appareils numériques, sans film, commencent à se répandre. Mais, à commodité d'emploi égale, en particulier en macrophotographie, ils sont beaucoup plus chers. Par ailleurs, s'ils affranchissent du développement, ils supposent l'emploi d'un ordinateur et d'une imprimante couleur de qualité.

Trois objectifs suffisent

- Un zoom 35 à 90 mm pour tous les sujets courants.
- Un objectif « macro », du genre Macro-Nikkor, pour les détails.
- Une longue focale de 135 ou 180 mm pour les sujets éloignés.

Choisir les films

Toutes les marques se valent, à d'infimes détails près. Si les clichés ne sont pas destinés à la publication ou à la projection, il est préférable de choisir des films inversibles, qui pourront être développés en une heure. Disposer rapidement d'un cliché « papier » permet un rangement instantané et plus simple. Signalons qu'on ne trouve plus actuellement de films diapositifs partout. Sauf conditions de luminosité très particulière, les films de sensibilité 200 à 400 ASA permettent à peu près toutes les prises de vue, même en « macro » maxima.

L'éclairage

La lumière du jour n'est pas toujours suffisante. On y remédie en général par l'emploi d'un petit flash électronique. Le maniement en est plus simple s'il est fixé sur la griffe du boîtier mais, indépendant et relié à l'appareil de prise de vue par un câble de synchronisation, il permet de varier l'angle de l'éclairage. On peut aussi améliorer un éclairage trop dur avec un réflecteur de fortune, un simple mouchoir blanc ou un film d'aluminium prélevé à la cuisine.

La « macro »

Pour photographier en très gros plan un insecte, le cœur d'une fleur ou une graine, il faut avoir recours à la macrophotographie. L'idéal est de disposer d'un objectif « macro » à long tirage en focale de 50 ou 100 mm. Le 100 mm est préférable car il permet de se tenir davantage à distance du sujet. À défaut d'un objectif macro, toujours assez coûteux, on peut utiliser un soufflet mais c'est un appareil peu maniable dans la nature. Mieux vaut employer des bagues intermédiaires, qui s'interposent entre le boîtier et l'objectif, et dont la combinaison permettra d'atteindre le grossissement voulu. Dans tous les cas, un pied tripode bien stable est indispensable pour photographier les plus petits sujets.

Photographier les oiseaux du jardin

Faire d'abord un abri avec une toile kaki dans laquelle on aura percé un trou assez large pour passer le téléobjectif. Une longue focale de 180 mm est généralement suffisante. On peut aussi choisir un téléobjectif de 300 ou 400 mm ; il faudra alors un pied pour éviter le flou de bougé.

LE PISSENLIT

Taraxacum

“Baptisé ‘dent de lion’ dans les campagnes pour ses feuilles profondément dentées, il s’appelle aussi ‘cramaillot’ dans les Vosges.”

UN NOM ÉVOCATEUR

Son nom donne déjà une idée de ses propriétés diurétiques. Autre raison de sa célébrité : un grand éditeur en a fait son logo ; tout Français connaît dès l’école primaire le « Je sème à tout vent » de son dictionnaire. Le langage populaire l’évoque même pour dédramatiser la mort et l’inhumation, dans l’expression « manger les pissenlits par la racine ».

UNE PETITE PLANTE AUX GRANDS POUVOIRS

Le pissenlit est une plante vivace, répandue dans le monde entier, qui peut se ramasser toute l’année mais il est plus tendre au printemps. Si les feuilles ne sont pas trop amères, elles se consomment en salades apéritives, si l’amertume est trop marquée, on les utilise en légumes cuits. La plante entière est médicinale : elle est cholagogue, diurétique, dépurative et stabiliserait le taux de cholestérol. La médecine traditionnelle la recommandait pour combattre le manque d’appétit, les affections chroniques du foie, les séquelles d’hépatites et la constipation. On l’emploie en décoction. Faire bouillir dans un litre d’eau trois à quatre pieds de pissenlits avec leur racine, puis infuser dix minutes et en prendre trois à quatre tasses par jour aux repas. Au printemps, une copieuse salade quotidienne ne peut être que bénéfique pour les personnes âgées, les convalescents et les anémiques.

Des astuces gourmandes

Cramaillotte des Vosges

- *300 à 400 g de pissenlits*
- *2 oranges*
- *2 citrons*
- *1 kg de sucre*

Mettre la partie jaune des fleurs dans une bassine avec 2 litres d'eau, les oranges et les citrons coupés en tranches. Faire bouillir jusqu'à réduction à 1 litre. Filtrer et ajouter le sucre. Faire cuire une heure et mettre en barquettes au congélateur. On obtient une gelée couleur d'or et à goût de miel qui calme les bronchites.

Pissenlits en branches

- *1 livre de racines*
- *1 oignon émincé, 2 gousses d'ail*
- *1 zeste de citron râpé, sel et poivre*
- *1 pincée de sucre, crème fraîche*

Laver et blanchir les racines. Faire revenir l'oignon et l'ail dans une poêle. Ajouter les pissenlits, faire sauter puis incorporer tous les autres ingrédients.

Pissenlits auvergnats

Faire dorer des cèpes à la poêle avec de l'ail haché. Ajouter une cuillère à soupe de vinaigre et verser le tout, chaud, sur une salade de pissenlits à l'échalote.

LA SAUGE
Salvia officinalis

Une plante mythique...

Le nom de *Salvia*, « celle qui sauve », résume la solide confiance dont a bénéficié depuis l'Antiquité ce sous-arbrisseau répandu dans les pays méditerranéens. « Pourquoi devrait mourir celui qui a de la sauge dans son jardin ? » demandait un sage de l'école de Salerne. Et les gens du Midi disent encore : « Qui a de la sauge dans son jardin n'a pas besoin de médecin ». Les anciens Égyptiens faisaient boire de la sauge aux femmes pour les rendre fertiles. Elle aurait même, d'après la tradition, sauvé Marie et Jésus. Fuyant devant les soldats d'Hérode, Marie n'aurait pu leur échapper qu'en se cachant avec son enfant dans un massif de sauge. Pour la remercier, elle aurait donné à cette plante le pouvoir de guérir les hommes de toute maladie.

... aux pouvoirs bien réels

La sauge était considérée au Moyen Âge comme une herbe dotée de tous les pouvoirs. Elle était encore très employée par les médecins de la première moitié du XXe siècle, et l'est toujours par les phytothérapeutes.

C'est un arbrisseau rampant dont seules les feuilles sont utilisées. Elles contiennent des flavonoïdes, des huiles essentielles et un œstrogène végétal. La sauge est antisudorale, tonique, stimulante, antispasmodique, emménagogue, désinfectante, hypoglycémiante, antiseptique, cholérétique (augmentation de la sécrétion de bile) et antidiarrhéique.

Ses pouvoirs permettent de soulager bien des troubles digestifs mineurs mais gênants : digestion difficile, aérophagie, ballonnements, fermentations intestinales... La sauge ramène le silence digestif !

Spécial femmes

Les feuilles de sauge sont largement employées en phytothérapie pour soulager les désagréments des règles douloureuses et irrégulières ainsi que les bouffées de chaleur de la ménopause.

Un fortifiant naturel

Pour les Provençaux, l'infusion de feuilles de sauge sèches fait souvent office de thé. Mais les guérisseurs du Midi l'emploient comme un remède qui présente les mêmes propriétés que le vin de sauge. Préparer une tisane de sauge, centaurée et salsepareille (10 g de chacune) en les faisant infuser dans de l'eau bouillante pendant cinq minutes. En boire trois tasses par jour.

CONTRE LA TRANSPIRATION

En dehors du ruissellement qu'entraînent les bouffées de chaleur féminines, la sauge est employée pour lutter contre toutes les transpirations excessives chez les deux sexes. Ses vertus antisudorales sont mises à profit sous forme d'infusion (10 g de feuilles sèches dans une tasse d'eau bouillante) dans les maladies infectieuses, grippe, tuberculose, rhumatismes. Ses propriétés toniques, stimulantes, antispasmodiques, fébrifuges, sont analogues à celles du romarin. En traitement externe, l'infusion aqueuse ou vineuse s'emploie efficacement sur les plaies rebelles, les ulcères, les engelures, les entorses ; ou en collutoire pour les aphtes, le muguet et les angines.

CONTRE LES PIQÛRES DE GUÊPE OU D'ARAIGNÉE

Frotter l'endroit de la piqûre avec une feuille de sauge broyée entre les doigts.

RECETTES

Une astuce gourmande

Vin de sauge tonique ou faux muscat

Un peu de miel et 80 g de feuilles de sauge ajoutés à un litre d'un quelconque vin rosé du Midi le transforment en un simili-muscat, excellent et fortifiant. Laisser macérer pendant huit jours.

LES SILEX TAILLÉS OU POLIS

Reconnaître un silex travaillé par l'homme

La connaissance de nos ancêtres éloignés se fonde sur l'étude de leurs restes fossilisés, mais ceux-ci sont rares, toujours en mauvais état et strictement protégés. Par contre, l'outillage taillé dans la pierre s'est bien conservé et reste abondant.

Un simple silex-caillou est tantôt arrondi, tantôt en éclats irréguliers plus ou moins usés. Un silex travaillé par l'homme présente au contraire une forme plus ou moins évocatrice d'un outil ou d'une pointe d'arme : racloir, poinçon, hache, pointe de lance, pointe de flèche... Il n'est d'ailleurs pas toujours facile d'identifier un silex taillé ou poli, et il est parfois nécessaire d'avoir recours à l'avis d'un préhistorien.

À quoi servaient ces silex ?

Nos ancêtres du Paléolithique puis du Néolithique les ont façonnés pour les utiliser comme outils (haches, racloirs, grattoirs, couteaux, perçoirs, burins) ou comme armes (coups-de-poing, pointes de flèches ou de sagaies).

La récolte

Attention, les fouilles nécessitent toujours une autorisation. Un glaneur ne peut utiliser ni pioche, ni pelle. Il peut tout au plus être équipé d'un couteau pour gratter le sol.

On trouve des silex travaillés à peu près partout en France. Mais certaines régions, peuplées depuis plus longtemps, ou dont le sol a été peu modifié par l'homme et la nature, sont plus favorables que d'autres. C'est le cas surtout de l'Île-de-France, du Sud-Ouest, des Cévennes, de la Région Provence-Alpes-Côte-d'Azur et de l'Ouest.

Dans ces régions, certains sites sont plus propices aux découvertes. C'est naturellement le cas des lieux qui ont été habités par les hommes de la Préhistoire, comme les grottes et les abris sous roche. Mais ces sites sont aujourd'hui tous répertoriés et étroitement surveillés. Les meilleurs endroits restant à la disposition du glaneur sont les carrières en général, mais plus sûrement celles de terre à brique (limons), les tranchées de travaux publics, les alluvions fluviatiles, et surtout les champs récemment labourés.

• La collection

Peu importe que les silex taillés soit rangés dans des boîtes ou des tiroirs. Ce qui est important, pour que la collection ait une réelle valeur scientifique, c'est que chaque pièce soit marquée à l'encre de Chine d'une inscription comportant l'indication précise du lieu de sa découverte.

• Les ateliers de taille

Il est possible, à l'occasion des vacances, de s'initier à la taille du silex. Le Muséum National d'Histoire Naturelle de Paris diffuse des renseignements sur les stages organisés dans toute la France (voir ses coordonnées en fin d'ouvrage).

On y apprendra à faire éclater un rognon de silex en le frappant avec un percuteur pour en morceler le nucleus et en tirer, par frappes successives, des éclats pointus ou coupants, larges ou longs, qu'il sera possible d'améliorer par retouches frappées ou par polissage. Une passionnante leçon, sur les traces de nos ancêtres.

Datation des pièces

▶ Tout silex poli est néolithique, mais les hommes de Cro-Magnon n'ont pas cessé de tailler des silex après avoir refoulé ou décimé les Néandertaliens et s'être sédentarisés puis convertis à l'agriculture et à l'élevage.

Pour pouvoir dater une découverte isolée, il faut donc le plus souvent avoir recours à une documentation iconographique ou à un spécialiste de la Préhistoire. Celui-ci tiendra compte du niveau géologique, du style, de la patine et des autres découvertes faites dans ce même niveau.

LE THYM
Thymus vulgaris

TOUTE LA SAVEUR DU SUD

Cet arbrisseau nain, très ramifié, n'atteint pas quarante centimètres de hauteur. Il est connu et utilisé depuis l'Antiquité, tant en cuisine, pour son arôme, que pour ses propriétés médicinales. On le rencontre surtout dans la moitié Sud de la France. Condiment des plus communs, le thym doit son parfum à une essence contenant principalement du thymol, antiseptique puissant et non irritant qui est aussi désodorisant et vermifuge. Le thym contient également une huile antibiotique.

LA PROVIDENCE DES PEAUX MALMENÉES

En usage externe, il suffit de préparer une infusion concentrée : mettre 60 grammes de thym dans un litre d'eau bouillante, laisser refroidir et filtrer. Elle peut s'appliquer en frictions, en lotions, en compresses imbibées sur les ulcères, les plaies atones, les dermatoses parasitaires, les contusions, les entorses et les foulures.
On peut également préparer des bains toniques, désinfectants et sédatifs des grands prurits généralisés en ajoutant à l'eau d'un bain très chaud 200 grammes de thym sec.

LE COUSIN SERPOLET

Le serpolet ou *Thymus serpyllum*, également utilisé comme condiment, contient des huiles et des essences très voisines de celles du thym. Il est efficace en infusion contre toutes les affections respiratoires aiguës, et spécialement la coqueluche, la toux et les spasmes des enfants. Il convient alors de préparer l'infusion avec seulement 10 grammes de thym sec pour un litre d'eau.

RECETTES

Des astuces gourmandes et médicinales

Sel au thym

Faire bien sécher dans une poêle du gros sel marin et le réduire en poudre fine au mortier. Broyer finement des branches de thym sec. Mélanger les deux poudres à raison d'une part de sel pour deux de thym.

Ce sel aromatisé vous aidera à réduire votre consommation de chlorure de sodium. On peut faire de même avec du romarin ou de la sarriette, selon les goûts.

Potage au thym

Faire bouillir pendant dix minutes dans une grande casserole d'eau une poignée de thym séché et quatre gousses d'ail.

Saler et poivrer. Retirer le thym puis ajouter au bouillon quatre jaunes d'œufs et 100 g de crème fraîche. Servir sur des tranches de pain grillé.

Infusion de thym

Elle est utilisée en boisson chaude contre la grippe, la bronchite aiguë, la laryngite, les diarrhées et comme vermifuge. C'est un stimulant de l'appétit chez les surmenés. Elle est encore recommandée dans la constipation avec fermentations intestinales.

Elle se prépare très simplement, en laissant infuser pendant cinq minutes 20 g de thym séché dans un litre d'eau bouillante. On peut en absorber trois à quatre tasses par jour. On peut aussi l'utiliser en gargarismes et bains de bouche dans les angines et les gingivites.

Bénédictine aromatisée et médicinalisée

Une ou deux branches de thym glissées dans un flacon de bénédictine parfument cette liqueur de façon originale et lui confèrent les mêmes propriétés que les infusions... pour ceux qui n'apprécient pas les tisanes.

LE TRÈFLE RAMPANT
Trifolium repens

Les feuilles de la chance

Plante vivace très commune dans les prés, le trèfle possède des feuilles trilobées caractéristiques. L'art chrétien a beaucoup utilisé le motif trifolié, inspiré de la forme de ces feuilles, en particulier dans les arcs trilobés symbolisant la Trinité. C'est une anomalie génétique rare qui fait parfois apparaître une feuille à quatre lobes, populairement désignée sous le nom de « trèfle à quatre feuilles », et considérée comme un porte-bonheur.

Au printemps, ses fleurs blanches groupées en capitules donnent à certaines prairies un aspect enneigé. Son parfum attire puissamment les abeilles : le trèfle peut fournir jusqu'à cent kilos de miel à l'hectare.

À la mode des Sioux

Les Indiens apprécient le trèfle depuis des millénaires. Ils sont passé du Paléolithique au Néolithique en le cultivant. Sa floraison est célébrée chez eux par une grande fête. Ils le consomment cru ou le font bouillir dans de l'eau après l'avoir broyé entre deux pierres. Ce trèfle bouilli est le plus souvent mélangé à des pissenlits.

Contre les petits ennuis de santé

En infusion, les fleurs fraîches ou sèches sont recommandées pour combattre les diarrhées, les douleurs rhumatismales et les bronchites traînantes. Il suffit de verser de l'eau bouillante sur cinq à six fleurs de trèfle et de laisser infuser dix minutes. En prendre deux à trois tasses par jour.

Bien mieux que le chewing-gum

Toute promenade dans les prés au printemps donne l'occasion de mâcher des fleurs de trèfle. Attention de ne pas avaler une abeille ! C'est savoureux, mais mieux vaut ne pas tenter l'expérience trop longtemps avant le repas car le trèfle a la propriété d'ouvrir largement l'appétit.

Le miel de trèfle

C'est un régal pour le petit déjeuner des enfants sur des tartines de pain grillé...

Cueillir cinquante fleurs de trèfle. Laisser macérer douze heures dans un litre d'eau additionnée d'un gramme d'alun. Filtrer et ajouter cinq tasses de sucre cristallisé. Faire bouillir pendant cinq minutes. Mettre en pots et laisser refroidir.

• Un vin apéritif et tonique

Dans un grand récipient, mettre cinq litres de fleurs de trèfle. Verser cinq litres d'eau bouillante. Laisser macérer trois jours en agitant de temps en temps. Filtrer et faire bouillir 1/2 h avec 2 kg de sucre, quelques zestes d'orange et 5 centimètres de racine de gingembre broyée. Après refroidissement, ajouter une cuillère à soupe de levure de bière et laisser fermenter. Lorsque le bouillonnement est terminé, verser dans un petit fût et attendre trois mois avant la mise en bouteilles. On obtient ainsi une boisson proche du xérès.

RECETTES

Une astuce gourmande

Le trèfle se récolte dans les prés mais tapisse également le sol de certaines clairières ou de bordures de forêts.

Poêlée de trèfles

Faire fondre dans une poêle du beurre et de l'huile d'olive en quantités égales et y jeter 500 g de feuilles fraîches. Remuer. Retirer du feu quand les fleurs sont devenues croustillantes. À servir en accompagnement d'un poulet rôti bien doré au barbecue ou comme amuse-gueule, à l'apéritif.

Les mares, les étangs et les rivières

L'ARGILE, SOURCE DE VIE

L'argile dans la beauté et la santé

Les qualités apaisantes et nettoyantes de l'argile en font un excellent auxiliaire des soins de la peau et des cheveux.

EN USAGE EXTERNE : SANTÉ ET COSMÉTIQUE

LES BAINS

Employée en cataplasmes froids et épais, l'argile a une action sédative sur les poussées inflammatoires articulaires. Elle est l'équivalent des coûteux bains de boues des cures thermales. Un bain quotidien d'argile délayée dans une baignoire d'eau chaude, salée au sel marin, améliore les terrains arthritiques et arthrosiques. Elle atténue aussi la douleur des brûlures, facilite la cicatrisation des plaies infectées et calme les gingivites ou les angines.

BEAUTÉ DE LA PEAU

On l'utilise encore fréquemment en cosmétique dans les produits traitant la peau. Les masques de beauté à l'argile sont simples, bon marché et efficaces. Beaucoup de produits de marques luxueux en contiennent sans toujours le proclamer.

BEAUTÉ DES CHEVEUX

Elle peut également constituer un véritable casque de beauté pour la chevelure. Préparer une pâte d'argile assez légère et en enduire les cheveux. Laisser en place une heure puis rincer à l'eau tiède.

EN USAGE INTERNE : DES PROPRIÉTÉS INATTENDUES

Cette terre médicinale est antitoxique. Elle est employée depuis longtemps dans les gastro-entérites, en particulier celles, parfois sévères, qui suivent l'absorption d'un aliment contaminé.

L'extraction de l'argile se fait dans des carrières et son ramassage nécessite des pelles et des récipients, ce qui est incompatible avec l'esprit de la glane au sens strict. Il est donc plus simple de s'en procurer dans les boutiques spécialisées.

L'argile, retenant l'eau, stocke les éléments nécessaires aux plantes qu'elle contient.

L'art de travailler la terre : l'un des plus vieux métiers du monde et un loisir créatif accessible à tous.

Pas d'agriculture sans argile

Le silex, roche dure, et l'argile, roche molle, ont été les matériaux les plus utilisés par les humains pendant la préhistoire. Les fouilles archéologiques nous ont fait découvrir d'innombrables poteries et statuettes, et même des constructions énormes faites en briques, comme la tour de Babel.

Actuellement, l'argile est toujours la matière naturelle la plus utilisée pour faire des briques, des tuiles, des céramiques, des carrelages, de la faïence, de la porcelaine, des poteries, des ciments et des produits pharmaceutiques.

Mais l'argile joue aussi un rôle de véritable garde-manger pour les végétaux. C'est elle qui retient l'eau et tous les éléments organiques ou minéraux en provenance de la surface du sol. Lors des périodes de sécheresse, les argiles restituent aux plantes ces richesses mises en réserve.

Jouer au petit potier

L'argile la plus commune est de couleur jaune. Celle d'Île-de-France est bleue avec des traits rougeâtres. C'est avec l'argile blanche de Saint-Yriex, ou kaolin, que se fabrique la porcelaine de Limoges. On trouve de l'argile à modeler, à mouler et à tourner dans tous les magasins de bricolage ou de matériel pour artistes.

LA PÊCHE AUX ÉCREVISSES

"Cette pêche se pratique de juillet à septembre... lorsqu'elle est autorisée. Renseignez-vous !"

Débusquer soi-même les écrevisses : un plaisir avant la dégustation.

De toutes les couleurs

Il existe cinq espèces d'écrevisses dans les cours d'eau en France.

➤ **Écrevisse américaine** (brun clair). Dans les rivières lentes à fond de vase ou de gravier, comme en Île-de-France.

➤ **Écrevisse des fleuves** (à pattes rouges). Elle peut être aussi bien brune que bleue ou rouge. Dans les grandes rivières ou fleuves à fond de sable. La plus sensible à la pollution.

➤ **Écrevisse des ruisseaux** (à pattes blanches). Toujours brune, elle vit dans les petites rivières à fond de gravier.

➤ **Écrevisse des torrents** (marbrée et grisâtre). Elle vit et se reproduit uniquement dans les cours d'eau de montagne. Elle n'existe plus en France que dans le Morvan, les Vosges et les Alpes.

➤ **Écrevisse russe** (marbrée et verdâtre). Elle se reproduit dans les fleuves à sable calcaire et les lacs. Très rare en France.

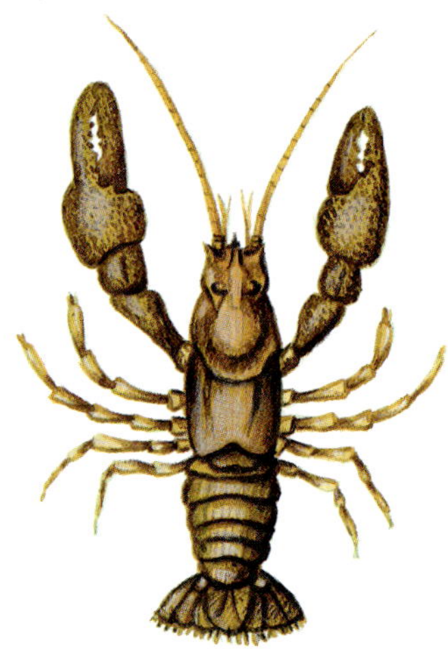

Écrevisse des fleuves

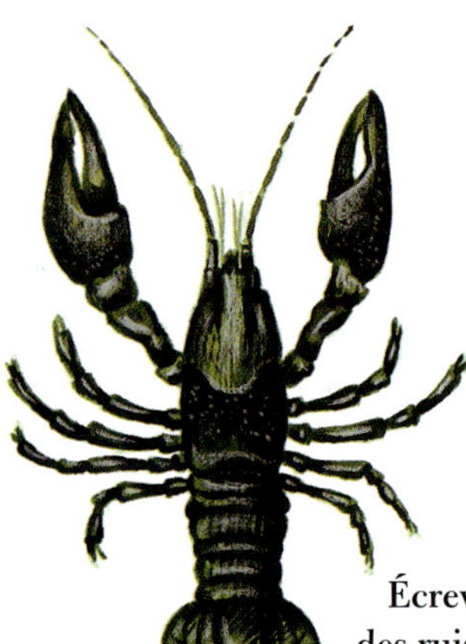

Écrevisse des ruisseaux

Écrevisse américaine

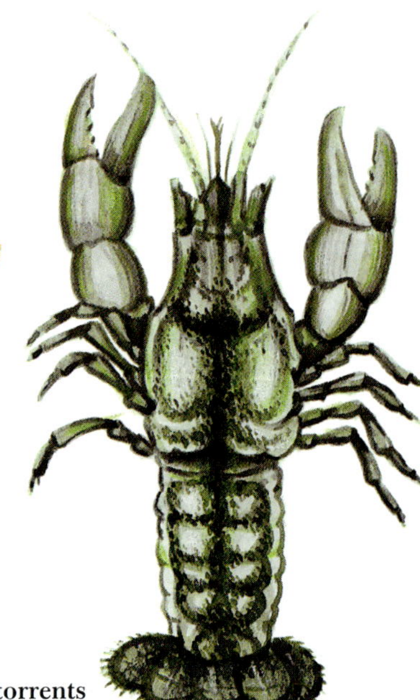

Écrevisse des torrents

Attention au braconnage !

La pollution des cours d'eau entraîne une raréfaction des écrevisses en France. Leur pêche, très réglementée, est interdite durant quelques mois, voire toute l'année, en de nombreux endroits. Il est donc nécessaire de bien s'informer auprès des mairies. Il est en tout cas interdit partout de pêcher les écrevisses « au fagot », procédé très dépeuplant conduisant à des prélèvements excessifs. Cette technique consiste à immerger le soir un paquet de branches mortes bourré de débris de viande et lesté par des cailloux, pour le sortir de l'eau le lendemain matin avec son contenu de crustacés. La pêche à la main de nuit avec une lampe électrique est tout aussi prohibée par la loi.

La ligne ou la balance ?

Dans les petites rivières, on peut sortir les écrevisses de l'eau grâce à un simple ver de terre ou à un morceau de viande fixé au bout d'une ligne sur un hameçon. Les écrevisses n'avalent pas l'appât, comme le font les poissons, mais s'y cramponnent avec pattes et pinces. On acquiert rapidement le bon coup de poignet pour les faire sauter sur la berge.

Une balance est un piège qui « ratisse » plus large. C'est une poche en filet à mailles de 27 mm minimum, monté sur deux cercles de 30 cm de diamètre maximum. Elle est lestée par un gros plomb ou un banal caillou et appâtée par des débris de viande ou de poisson (le meilleur choix, et le plus traditionnel, est une demi-tête de mouton). La réglementation autorise généralement la pose de dix balances par pêcheur. Posées sur le fond, elles doivent être relevées tous les quarts d'heure. Il est recommandé de porter des gants de bricolage pour saisir les écrevisses dans la balance.

RECETTES

Une astuce gourmande

Écrevisse commune.

Écrevisses à la marinière

Pour 4 personnes

- *24 écrevisses*
- *100 g de beurre*
- *1/2 c. à café de piment en poudre*
- *2 sachets de préparation pour court-bouillon*
- *Sel*

Il est très important de retirer d'abord la nageoire du milieu de la queue, qui entraînera avec elle un petit boyau noir.

Préparer un court-bouillon très épicé ou, pour gagner du temps, utiliser une préparation du commerce. Laisser cuire 30 minutes à feu vif et y jeter les écrevisses qui y cuiront 10 minutes. Veiller à ce que l'eau les recouvre entièrement. Faire fondre du beurre à feu doux dans une casserole. Ajouter sel et piment. Battre le tout. Verser cette sauce dans un plat et y disposer les écrevisses.

LES MYSTÉRIEUX INSECTES AQUATIQUES

"Les insectes se sont adaptés aux milieux aquatiques les plus divers : mares, étangs, rivières, ruisseaux, torrents, fleuves et lacs."

UN BEL EXEMPLE D'ADAPTATION

La chasse des insectes aquatiques peut se pratiquer toute l'année, sauf bien sûr par temps de gel. Le simple promeneur curieux restera sur les berges. L'entomologiste amateur aura la tentation de chasser aussi dans l'eau. Selon la température, il adoptera dans ce cas le maillot de bain et les espadrilles (ne jamais marcher pieds nus dans le fond d'un cours d'eau) ou les grandes bottes montantes en caoutchouc dites « cuissardes ».

Matériel de chasse

➤ Plusieurs flacons en verre épais et à large ouverture, fermés par un bouchon de liège et contenant un peu de sciure de bois.

➤ De l'éther acétique.

➤ Un filet « troubleau » qui ressemble au « fauchoir » destiné aux coléoptères terrestres mais sert à agiter la vase et les plantes aquatiques.

➤ Un fort couteau pliant, du genre Opinel gros modèle, qui servira à fouiller la terre des berges, à gratter le sable ou le gravier, à soulever les cailloux et à couper des végétaux gênants.

Préparation et conservation des collections

On utilise les mêmes techniques que pour les coléoptères terrestres. Les grosses espèces seront étalées et « piquées » dans des boîtes vitrées. Les plus petites seront collées sur des étiquettes appelées « paillettes » elles-mêmes fixées par des épingles dans les boîtes de collection.

Les espèces récoltées

L'extrême adaptabilité des insectes se traduit par une faune différente selon les rivages (faune ripicole), les eaux elles-mêmes, les vases des fonds ou les mares asséchées. Sur et dans la terre des berges, les ripicoles sont simplement des espèces terrestres physiologiquement adaptées à un milieu humide. Mais dans l'eau, de nombreux coléoptères se sont modifiés morphologiquement et leurs pattes sont devenues des nageoires. C'est, entre autres, le cas des dytiques (*Agabus, Hydroporus*), des dryopides (*Helmis, Parnus*) ou des helmides.

Libellule

Dytique

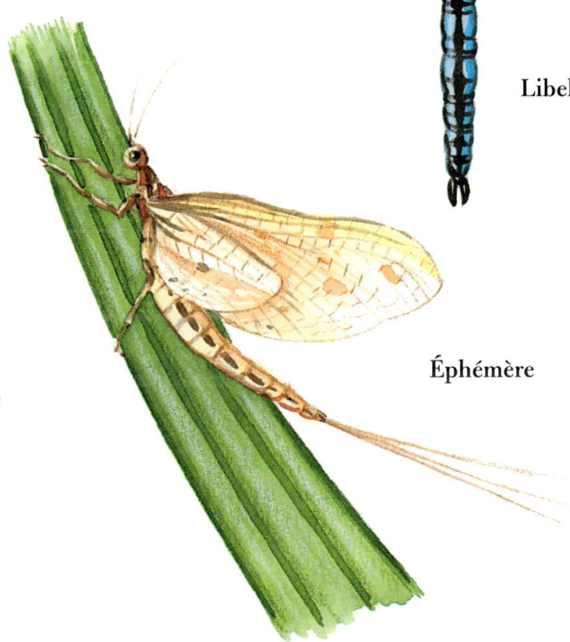

Éphémère

DEVENEZ CHERCHEUR D'OR

• IL Y A DE L'OR EN FRANCE...

On peut en trouver dans les sables des rivières, en particulier dans les Pyrénées, le Massif Armoricain, le Massif Central (surtout les Cévennes), la plaine d'Alsace, le Limousin, la Franche-Comté et la Savoie. Les Égyptiens pratiquaient déjà le lavage des sables de rivières, ou orpaillage, 4 000 ans avant notre ère. Ayant cédé la place à la grande industrie minière au XIXe siècle, l'orpaillage est réapparu en 1975, en Ariège et dans le Gard. La Fédération Française d'Orpaillage, créée en 1986, compte environ 250 affiliés. La plupart d'entre eux considèrent la recherche de l'or comme un loisir, mais une cinquantaine y travaillent à longueur d'année.

• TOUT CE QUI BRILLE N'EST PAS OR

Pour s'assurer que l'on se trouve bien en présence d'or, le test le plus simple est celui du marteau. L'or possède la malléabilité des métaux. Il s'aplatit, se déforme mais ne se morcelle pas. Tous les autres minéraux seront réduits en poussière.

Si le fragment est trop petit pour permettre ce test, il suffit de faire varier l'angle d'éclairage. La couleur et l'éclat de l'or ne changent pas, ceux des minéraux brillants comme le mica, le quartz et les pyrites varient selon l'incidence de la lumière.

Les pépites sont des fragments d'or de plus de 2 mm. Les grains d'or sont des parcelles de 1 à 2 mm. Les paillettes n'ont plus d'épaisseur mais se voient encore à l'œil nu. Pour être repérés, les points nécessitent au contraire la loupe.

• LA TOPONYMIE À L'AIDE DES ORPAILLEURS

La ville d'Aurillac n'a pas été appelée ainsi par hasard. Tous les noms comprenant les radicaux « or », « aur » ou « ar » doivent retenir l'attention des chercheurs : Lauriéras, l'Aurence, Coulaure, Laurière... Dans les Pyrénées, on trouve plutôt le radical « ar » : Ariège, Arget, Arize, Artillac... En breton, l'or se dit « aour » ou « our ». On peut faire des recherches sur les cartes de l'I.G.N., au cadastre, ou sur les annuaires informatiques des Télécom.

La législation

L'orpaillage n'est pas considéré en France comme un loisir ou un sport. Nul ne peut s'y adonner, même épisodiquement, sans entreprendre auparavant trois démarches indispensables. Il faut avant tout formuler une déclaration de recherche à la préfecture du département en y joignant un plan des lieux et la nomenclature du matériel employé ; demander ensuite l'autorisation au propriétaire du terrain (ou à la Direction départementale de l'Équipement) ; il faudra enfin une autorisation si l'on souhaite vendre le produit de sa récolte.

Dans tous les cas, ces autorisations ne concernent que des orpailleurs munis de l'équipement décrit ici. Tout autre moyen mécanique fait basculer le problème vers la législation pour exploitation... et c'est beaucoup plus compliqué.

Précautions élémentaires

- Éviter la destruction des berges, des cultures et des arbres.
- Ménager une bonne entente avec les pêcheurs et les baigneurs.
- Respecter la propriété privée.

Le matériel de l'orpailleur

Il faut d'abord une pelle pliante « américaine », qui peut également servir de pioche, un tamis à mailles de 50 mm pour trier les gros matériaux et des tubes en plastique (boîtes de films photo par exemple) pour conserver des échantillons minéraux, même s'ils ne contiennent pas de pépites. La pompe Henderson, formée d'un tube en PVC de 15 cm de diamètre et de 1 m de long muni d'un piston et d'une tige, permet d'aspirer sous l'eau des matériaux déposés dans des anfractuosités. Enfin, la batée ou le pan sont des instruments indispensables. Ces cuvettes coniques permettent de laver les matériaux supposés contenir des parcelles d'or, le sable en particulier. Lorsqu'on imprime un mouvement circulaire, les éléments lourds, donc l'or, gagnent le fond de la cuvette. Il ne reste plus alors qu'à recueillir les précieux grains...

Les gisements aurifères se présentent sous forme de filons miniers ou d'alluvions (ou placers). Les placers éluviaux, proches des sites miniers aurifères, renferment des particules relativement grosses mais ils sont difficiles à exploiter par des amateurs. Dans les placers alluviaux, formés le long de rivières loin des gisements miniers, l'or entraîné par le courant se dépose profondément en raison de sa forte densité.

Le littoral

Fucus vésiculeux

Laitue de mer

Corne d'élan

Lacet de mer

OSEZ LES ALGUES

Les principales algues des côtes de France

Les algues sont la végétation des océans. Elle peuvent être fixées sur le fond, en suspension dans l'eau, ou flotter en surface.

➤ **Corne d'élan brune** (*Pelvetia*).

➤ **Goémon** (Fucus vésiculeux, algues rouges et laminaires). Ainsi désignée en Bretagne et en Normandie, cette algue s'appelle varech sur la côte atlantique. Le goémon des rives est exploité par les habitants. Il n'est donc possible d'en prélever que quelques brins. Le goémon d'épave, arraché au large par la tempête, peut être glané librement.

➤ **Lacets de mer**. Lanières de plusieurs mètres de long (*Himanthalia*) ou rubans (laminaires). Ne se récoltent qu'aux grandes marées.

➤ **Laitues de mer** (*Ulva*). Les feuilles de cette salade sont d'un vert vif.

Un petit goût d'iode

Aucune algue n'est toxique pour l'homme. Tous les magasins d'alimentation diététique en proposent. Les cultivateurs proches des côtes utilisent les algues comme engrais. En Vendée, elles servent de fumure pour les vignes, ce qui donne au vin un petit goût iodé. Différentes variétés sont aussi employées par l'industrie pharmaceutique, pour leur richesse en oligoéléments, en vitamines, en produits antiparasitaires, en anticoagulants, en mannitol ou en acide glutamique.

Comment utiliser sa récolte

➤ En bains toniques, très appréciés par les curistes de thalassothérapie (stimulant circulatoire, raffermissement des muscles et amincissement du corps).

➤ En de délicieuses salades. Les ciseler et les assaisonner comme des laitues terrestres mais en salant très peu la sauce.

➤ En légumes, à préparer comme des choux.

➤ En gâteau d'algues breton, servi avec un coulis de framboise.

➤ En « jelly » comme aux États-Unis, une gelée sucrée et parfumée à l'orange, au citron ou à tout autre arôme selon les goûts.

➤ En fond de court-bouillon pour cuire crustacés, poissons et coquillages.

Confectionner un herbier marin

➤ Bien nettoyer les algues à l'eau de mer.

➤ Les étaler sur une planche.

➤ Les recouvrir d'un chiffon puis de papier journal.

➤ Poser sur le tout une autre planche et enfin une pierre assez lourde.

➤ Changer les journaux tous les jours.

Lorsqu'elles seront sèches, on pourra coller ces algues sur des feuilles de papier blanc, réunies dans un classeur, ou en faire des sous-verre.

Goémon sur la côte bretonne.

“Les algues se glanent sur une plage ou sur des rochers à marée basse. Elles ne sont donc accessibles en France que sur les côtes océaniques.”

LES DÉLICIEUX COQUILLAGES MARINS

CHOISIR LE LITTORAL

Les côtes océaniques sont les plus favorables au ramassage des coquillages. La Méditerranée n'en est pas dépourvue mais, en l'absence de marées, leur collecte y relève de la pêche sous-marine et non plus de la glane. Les plages de sable ou de galets sont les endroits les plus fréquentés par les amateurs. Il est aussi possible d'en récolter sur les côtes rocheuses et au pied des falaises. Mais ces sites sont naturellement plus dangereux.

La mer découvre souvent des rochers que l'on peut soulever ou déplacer. Dans ce cas, il faut toujours les remettre en place après la récolte. La partie qui était en contact avec le sable doit le rester pour éviter de perturber le biotope.

PRÉCAUTIONS

Soyez très prudents ! Les coquillages glanés sur la plage peuvent être envahis par des algues toxiques ou dangereusement pollués par des effluents chimiques ou des germes microbiens. Malgré les efforts des municipalités, la situation est loin d'être satisfaisante partout, il convient donc de se renseigner auprès des mairies. Respectez aussi ces quelques recommandations :

- Ne jamais être seul.
- Éviter les jours de gros temps.
- Commencer l'exploration du bas de la plage un peu avant la marée basse.
- Ne pas se laisser surprendre par la montée de la mer, surtout lors des grandes marées d'équinoxe.

PRATIQUE

Coquilles et fantaisie

Pour le collectionneur, les coquilles vides sont trop souvent usées par le sable. Celles des mollusques collectés vivants, débarrassées de leurs parties molles, sont toujours plus belles. Toutes les coquilles peuvent servir, particulièrement celles qui ressemblent à des bigorneaux, allant du jaune pâle au marron. On peut les percer et les enfiler sur un fil pour en faire des colliers, les coller sur un carton pour réaliser des tableaux ou encore les assembler pour en confectionner des personnages.

• Observer les trous dans le sable

➤ 1 trou en forme de 8 : couteau.

➤ 1 trou et un tortillon : ver arénicole.

➤ 2 petits trous voisins : coques et palourdes.

• Équipement du glaneur de coquillages

➤ Un panier, seau ou sac garni d'un lit d'algues.

➤ Une montre étanche.

➤ L'horaire des marées (publié tous les jours dans le journal local).

➤ Un couteau solide avec lame à bout arrondi.

➤ Une petite pelle à manche court.

• Principaux coquillages comestibles des côtes de France

Coquilles spiralées

➤ Bigorneau

Coquilles coniques (fixées aux rochers)

➤ Patelle ou bernicle

Bivalves (dans le sable)

➤ Coque

➤ Couteau

➤ Palourde

➤ Lavignon

➤ Mye ou « grosse palourde »

➤ Ormeau ou oreille de mer (sous les pierres)

➤ Pétoncle, vanneau ou amande de mer

➤ Praire

Les huîtres et les moules sont des coquillages d'élevage. Les coquilles Saint-Jacques, bulots, buccins, nassas, purpuras et autres chlamys vivent dans des zones qui ne découvrent pas à marée basse ou n'intéressent que les collectionneurs avertis.

Pour transporter sa récolte, mieux vaut prévoir un seau ou un sac garni d'algues.

LES CRUSTACÉS

Des « blindés » délicieux

Les glaneurs des plages et des rochers s'intéressent surtout aux crustacés marins pour leur réputation gastronomique. Rares sont les collectionneurs de carapaces. Certains crustacés sont plus recherchés que d'autres pour la finesse de leur chair.
En tête du hit-parade arrivent le homard, la langouste, l'araignée de mer et le tourteau. Mais homards, langoustes et araignées de mer vivent hors de portée du glaneur et relèvent de la pêche professionnelle au casier. Il arrive cependant parfois de surprendre une araignée de mer dans une flaque résiduelle lors d'une grande marée.

Principales espèces des côtes de France

➤ **Crabe vert** (*Carcinus maenas*). Le plus courant de nos crabes. Il est surtout utilisé comme appât pour la pêche du lieu et du bar.

➤ **Étrille** (*Macropipus puber*). Les vrais amateurs le préfèrent au tourteau. C'est un crabe laineux de couleurs vives, rouge, bleu et noir, aux pattes arrière aplaties. Il est agressif. Mettre des gants.

Un monstre effrayant

Le « *Macrocheira kaempferi* » des mers du Japon est le plus grand de tous les arthropodes actuels. Ses pattes et ses pinces sont immenses. Son envergure atteint quatre mètres et son corps quarante-cinq centimètres de diamètre.

Le tourteau, l'une des stars des plateaux de fruits de mer.

➤ **Tourteau** (*Cancer pagurus*) ou dormeur. Les spécimens de plusieurs kilos, aux pinces énormes, ne sont pas rares.

➤ **Araignée de mer**. Ce crustacé au dos recouvert de mousse et d'algues ne peut se récolter qu'aux grandes marées.

➤ **Crevette grise**. Les plus beaux spécimens se trouvent à l'embouchure des rivières. La pêche se fait à marée basse, avec un filet crevettier qui se pousse en raclant le fond.

➤ **Crevette rose ou bouquet**. Elle se pêche au filet rond (haveneau) lors des grandes marées, un peu avant la basse mer, en particulier dans les goémons.

➤ **Pagure ou bernard-l'ermite** (cénobites). Il s'abrite à l'intérieur de coquilles de mollusques vides qu'il traîne avec lui, s'y rétractant complètement à la moindre alerte. Amusant à observer mais sans intérêt pour la table.

Comment saisir un crabe sans se faire pincer

Le tourteau, qui porte bien son surnom de « dormeur », se prend à deux mains sans problème, chaque main saisissant à la fois le bord de sa carapace et la pince du même côté. Mais attention, il faut que les prises soient symétriques et simultanées. C'est plus difficile avec l'étrille et, surtout, le crabe vert, toujours agité. Il faut le plaquer au sol en posant l'index sur le milieu de sa carapace et en même temps le saisir avec le pouce et le médius...

"Les crabes ou brachioures, degré le plus élevé de l'évolution chez les crustacés, sont représentés dans le monde par plus de 5 000 espèces terrestres, marines ou d'eau douce."

LA CHASSE AUX FOSSILES

• La collecte

Les fossiles sont des pierres, le plus souvent calcaires, et portant des empreintes d'organismes vivants animaux ou végétaux aujourd'hui disparus. La glane des fossiles est possible toute l'année. Mais il faut se limiter aux ammonites et autres fossiles de petite taille, dont la collecte est libre. La découverte d'un squelette de dinosaure impose une déclaration car ces vestiges sont strictement protégés par la loi et leur dégagement ne doit être entrepris que par des spécialistes.

• Les lieux les plus propices

- Terrains où grès, schistes et calcaires affleurent la surface du sol.
- Bords de rivières ou de ruisseaux.
- Carrières (avec autorisation).
- Éboulis au pied des falaises.
- Tranchées des grands travaux de voie publique.
- Cônes de déjection des torrents.
- Déblais de mines (terrils).

• Quelques exemples de régions riches en fossiles

- Le Jura (Jurassique) : fougères fossiles, ammonites.
- Les Pyrénées : créodontes, ancêtres de carnivores.
- Le Bassin parisien : ammonites mésozoïques.
- Le nord de Paris : créodontes.

• Le rangement de la collection

Un fossile caractéristique est un fossile ou, mieux, une association de fossiles servant de repères pour définir un niveau géologique déterminé. Pour classer et étiqueter les pièces, on procède de la même façon que pour les cailloux. Tous les petits spécimens relèvent de boîtes à casiers, les autres seront rangés dans une vitrine ou dans un meuble à tiroirs.

PRÉCAUTIONS

Procédez toujours avec prudence. Certains de ces sites de recherche sont dangereux par eux-mêmes. Des parois ou des berges peuvent s'effondrer spontanément et de façon inattendue. Le dégagement d'un fossile peut également provoquer une avalanche de rochers.

S'informer avant toute chose

Un minimum de documentation est nécessaire avant de se lancer dans cette glane, nettement plus scientifique que celle du bois mort... Il est bon de s'informer le plus possible des ressources qu'offre une région spécifique auprès des services des Mines, du laboratoire de Paléontologie du Muséum National d'Histoire Naturelle de Paris ou encore d'associations spécialisées. Une carte géologique de la région est indispensable, ainsi que quelques livres d'initiation.

Feuille fossile

Fougère fossile

Trilobite

Ammonite paléozoïque

L'équipement du chasseur de fossiles

- Un marteau.
- Un burin.
- Une brosse.
- Une carte I.G.N.
- Une boussole.
- Un couteau.
- Une sacoche solide ou un sac à dos.

PROMENADE DANS LES DUNES,

Les terrains salés par les embruns peuvent receler jusqu'à plusieurs kilomètres des côtes des richesses naturelles connues et exploitées depuis longtemps par l'homme. Voici celles que l'on rencontre le plus souvent sur le littoral français.

• Ajoncs

Arbustes épineux donnant une très belle floraison jaune vif de février à juin. On peut en faire de lumineux bouquets.

• Bourdaine (*Frangula alnus*)

L'écorce séchée (pendant au moins trois ans) constitue un laxatif doux, cholagogue et vermifuge recommandé aux hémorroïdaires, aux hépatiques, aux obèses et contre la cellulite. Les fruits, non comestibles, sont tinctoriaux. Verts, ils teignent la laine en jaune, mûrs en gris bleuâtre, mûrs et fermentés en un vert très tenace.

• Callune (*Calluna vulgaris*)

La callune fait partie de la famille des bruyères. Ses fleurs sont utilisées en décoction depuis le Moyen Âge dans le traitement des infections urinaires (voir aussi les pages 18 et 19).

• Salicorne (*Salicornia europaea*) ou haricot de mer

Elle est commune dans tous les terrains salés, y compris les salines. On peut en faire de la salade crue ou cuite, de la soupe ou de la purée. La salicorne est non seulement savoureuse mais aussi tonique, diurétique et dépurative.

LES PRÉS SALÉS ET LA LANDE

• GENÊTS

Plantes à fleurs jaunes, parfois épineuses. L'espèce la plus connue est le genêt d'Espagne (*Spartium*) dont on extrayait autrefois un alcaloïde, la spartéine. D'autres, comme le *Genista tinctoria*, donnent une teinture jaune et le *Cytisus* (genêt à balai) est bien entendu employé pour la fabrication des balais. Tous les genêts sont toxiques. Leur usage médicinal est donc déconseillé. Mais le genêt est paradoxal. Cette plante toxique est aussi antitoxique. Elle a de remarquables propriétés antivenimeuses, connues depuis longtemps en Auvergne.

Elle peut servir en premier secours contre les morsures de vipères : appliquer localement un cataplasme de jeunes rameaux broyés.

RECETTES

Des astuces gourmandes et médicinales

Un petit coup de blanc !

Après la combustion, qui détruit les composants dangereux, il reste dans les cendres des genêts d'intéressantes propriétés.
Le « vin de cendres de genêt » est facile à obtenir en brûlant de jeunes rameaux sur une surface propre. Faire ensuite macérer pendant deux jours 50 g de cendres dans un litre de vin blanc puis filtrer. C'est un diurétique.

Comment saler sans sel ?

Avec une plante à sel, élémentaire ! Il suffit d'utiliser la « soude maritime » (*Suaeda maritima*), plante couchée souvent associée à la salicorne. Elle a la particularité d'accumuler dans ses cellules une grande quantité de substances minérales, notamment du chlorure de sodium. En mettre quelques feuilles dans n'importe quelle préparation culinaire un peu fade à l'origine lui donnera un goût salé et une agréable nuance iodée.

INDEX

RECETTES

CES MAUX QUE LES PLANTES PEUVENT SOULAGER

Anémie : fraise des bois, orties, pissenlit
Angine : argile, mûre sauvage, myrtille, noisetier, sauge, sorbier
Arythmie : aubépine
Anxiété : aubépine, églantier, gui
Aphtes : mûre sauvage, myrtille, sauge, sorbier
Artériosclérose : gui
Arthrite et arthrose : argile, frêne, genévrier
Asthme : genévrier
Ballonnements : menthe
Bouffées de chaleur : gui
Bronchite : genévrier, pin, thym, trèfle, violette
Brûlure : argile, millepertuis, myrtille, noix, tilleul, violette
Calculs : bouleau, maïs
Carence en vitamine C : fraise des bois, mûre sauvage, sorbier, primevère, sureau, cynorhodon
Cellulite : bouleau, bourdaine
Cholécystite : chélidoine
Cholestérol : bouleau, pissenlit
Chute des cheveux : bouleau, genévrier, orties
Cirrhose du foie : chélidoine
Colibacillose : bruyère, genévrier, myrtille
Coliques néphrétiques : bruyère
Colites spamodiques : menthe
Constipation : prunelle, sorbier
Coup de soleil : millepertuis
Crampe : gui, menthe
Cystite : bouleau, bruyère, genévrier, maïs
Démangeaisons et dermatose : menthe, myrtille, pin, thym, violette
Dépuratif : chiendent, ortie, pissenlit, salicorne, violette
Dermite : bouleau
Diarrhée : fraise des bois, menthe, mûre sauvage, myrtille, noix, pissenlit, pomme sauvage, sauge, thym, tilleul, trèfle
Digestion difficile : menthe, millepertuis
Ecchymoses : primevère
Eczéma : bouleau, genévrier
Embonpoint : bourdaine, maïs, noisetier
Engelure : gui, marron d'Inde, noix, sauge
Entorse et foulure : thym
Fatigue : frêne, genévrier, menthe, salicorne, sauge, sorbier, trèfle, mûre sauvage
Fièvre : frêne, gentiane, myrtille, sureau
Insuffisance hépato-biliaire : chélidoine, lierre, pin, bourdaine, fraise des bois, gentiane, millepertuis, pissenlit, violette
Gastro-entérite : argile, tilleul
Gingivite : argile, mûre sauvage, sorbier
Goutte : bouleau, frêne, genévrier, maïs, tilleul
Grippe : chêne, frêne, primevère, pin, prunelle, sureau, thym, tilleul
Hémorroïdes : chiendent, marron d'Inde, noisetier, tilleul
Hypertension : aubépine, gui
Hypertrophie de la prostate : bruyère
Ictère : chélidoine
Infection ou inflammation urinaire : bruyère, fraise des bois, myrtille, pin
Insomnie : aubépine, églantier, primevère, tilleul

Jambes lourdes : marron d'Inde, noisetier
Mal de dos : sureau
Manque d'appétit : genévrier, gentiane, menthe, millepertuis, trèfle
Mauvaise haleine : fraise des bois
Migraine : menthe, tilleul
Morsure de vipère : genêt
Néphrite : maïs
Nervosité : aubépine, tilleul, violette
Névralgies : pin, primevère
Œdème : frêne, maïs
Ophtalmie et fatigue oculaire : chélidoine
Paludisme : gentiane
Pharyngite : mûre sauvage
Piqûre d'araignée et de guêpe : sauge
Plaie : argile, genévrier, marron d'Inde, millepertuis, mûre sauvage, myrtille, noix, pin, sauge, thym
Pleurésie : pin
Pneumonie : pin
Rhumatismes : bouleau, bruyère, maïs, orties, pin, tilleul, trèfle, violette
Rhume : menthe, violette
Sciatique : pin
Séquelles d'accidents vasculaires cérébraux : gui
Spasmes des enfants : serpolet
Stomatite : mûre sauvage
Tachychardie : aubépine
Toux : coquelicot, menthe, serpolet, violette
Trachéite : violette
Transpiration : sauge
Ulcères : genévrier, mûre sauvage, pin, sauge, thym
Urée : bouleau, tilleul
Varices : noisetier
Verrues, durillons et cors : chélidoine
Vers intestinaux : bourdaine, gentiane, thym

ADRESSES UTILES

- **S'informer sur les insectes, les oiseaux, les crustacés, etc.**

Pour tout renseignement pratique ou d'identification, l'amateur peut s'adresser aux laboratoires spécialisés du Muséum National d'Histoire Naturelle. Il y trouvera aussi les adresses des laboratoires de province, de toutes les associations d'histoire naturelle de France et des revues traitant des animaux, des plantes et des minéraux.

➤ Muséum National d'Histoire Naturelle
45 bis rue Buffon, 75005 Paris

➤ Ligue Française pour la Protection des Oiseaux
Corderie Royale, BP263, 17305 Rochefort Cedex

- **Découvrir l'alimentation naturelle**

➤ Centre National de Montramé
Château de Montramé, Soisy-Bouy
77650 Longueville

- **S'informer sur les ateliers de taille du silex**

➤ Muséum National d'Histoire Naturelle
(voir ci-contre)

- **S'informer sur l'or**

➤ Fédération Française d'Orpaillage (FFOR)
Complexe de la République, salle 605
Rue Carnot, 64000 Pau

➤ World Gold Council
1 avenue Berthie-Albrecht, 75008 Paris

➤ Orbis, 3 rue de Dijon, app. 505, 25000 Besançon

➤ Offices du Tourisme des régions aurifères

Crédits photographiques

Couverture

Gérard Blondeau : hg. Jacana/J. Soler : hd.
Jacana/G. Sommer : bg. Jacana/A. Schall : d.

● **Gérard Blondeau :** 14, 20, 21 h et b, 22, 23, 25 h et b, 27, 32, 34, 36, 38, 40, 48, 50, 52, 55, 56, 62, 63, 64, 75, 77, 80, 88, 89, 91, 93, 94, 95, 96, 103, 119, 121, 129, 130, 131, 135, 147, 153. ● **Bernard Conseil :** 57, 98. ● **Explorer** G. Trouillet : 136. ● **Jacana** I. Arndt : 112. H. Berthoule : 140. J.-P. Champroux : 12. S. Cordier : 122, 148. Y. Gladu : 18. G. Hofer : 31, 106, 125. R. Konig : 68, 115, 149. S. Krasemann : 132. G. Laurent : 16. E. Lemoine : 123. F. Lieutier : 46. P. Petit : 152. P. Lorne : 114. P. Prigent : 44. Rouxaime : 137. J. Soler : 90. J.-P. Thomas : 5. G. Thouvenin : 145 g et d. J.-P. Varin : 138. ● **Christian Parisse :** 43, 86, 101, 142, 146, 150. ● **Visa** D. Cleek : 127. G. Drin : 128. Goupi : 104. A. Lorgnier : 66. A. Muriot : 29. F. Prignet : 108. C. Valentin : 59, 61, 111. F. Vasseur : 70, 78, 117.

Remerciements

L'auteur tient à remercier pour l'aide et la documentation qu'ils lui ont apportées
CLAUDE NATURE, 6, rue des Chantiers, 75005 Paris et
RENÉ THOMAS, 28, rue des Fossés-Saint-Bernard, 75005 Paris

Achevé d'imprimer en mars 1999

sur les presses de Artes graficas Toledo

Imprimé en Espagne

Dépôt légal : avril 1999
D.L.TO: 763-1999

Edition exclusivement réservée aux adhérents du Club
Le Grand Livre du Mois
15 rue des Sablons
75116 Paris